社科文献 **SSAP** 学术文库

|社会政法研究系列|

移民空间的建构

巴黎温州人跟踪研究

CONSTRUCTING SPACE:
A LONGITUDINAL STUDY OF IMMIGRANTS
FROM WENZHOU IN PARIS

王春光 著

社会科学文献出版社
SOCIAL SCIENCES ACADEMIC PRESS (CHINA)

出版说明

　　社会科学文献出版社成立于 1985 年。三十多年来，特别是 1998 年二次创业以来，秉持"创社科经典，出传世文献"的出版理念和"权威、前沿、原创"的产品定位，社科文献人以专业的精神、用心的态度，在学术出版领域辛勤耕耘，将一个员工不过二十、年最高出书百余种的小社，发展为员工超过三百人、年出书近两千种、广受业界和学界关注，并有一定国际知名度的专业学术出版机构。

　　"旧书不厌百回读，熟读深思子自知。"经典是人类文化思想精粹的积淀，是文化思想传承的重要载体。作为出版者，也许最大的安慰和骄傲，就是经典能出自自己之手。早在 2010 年社会科学文献出版社成立二十五周年之际，我们就开始筹划出版社科文献学术文库，全面梳理已出版的学术著作，希望从中选出精品力作，纳入文库，以此回望我们走过的路，作为对自己成长历程的一种纪念。然工作启动后我们方知这实在不是一件容易的事。对于文库入选图书的具体范围、入选标准以及文库的最终目标等，大家多有分歧，多次讨论也难以一致。慎重起见，我们放缓工作节奏，多方征求学界意见，走访业内同仁，围绕上述文库入选标准等反复研讨，终于达成以下共识：

　　一、社科文献学术文库是学术精品的传播平台。入选文库的图书必须是出版五年以上、对学科发展有重要影响、得到学界广泛认可的精品力作。

二、社科文献学术文库是一个开放的平台。主要呈现社科文献出版社创立以来长期的学术出版积淀，是对我们以往学术出版发展历程与重要学术成果的集中展示。同时，文库也收录外社出版的学术精品。

三、社科文献学术文库遵从学界认识与判断。在遵循一般学术图书基本要求的前提下，文库将严格以学术价值为取舍，以学界专家意见为准绳，入选文库的书目最终都须通过各该学术领域权威学者的审核。

四、社科文献学术文库遵循严格的学术规范。学术规范是学术研究、学术交流和学术传播的基础，只有遵守共同的学术规范才能真正实现学术的交流与传播，学者也才能在此基础上切磋琢磨、砥砺学问，共同推动学术的进步。因而文库要在学术规范上从严要求。

根据以上共识，我们制定了文库操作方案，对入选范围、标准、程序、学术规范等一一做了规定。社科文献学术文库收录当代中国学者的哲学社会科学优秀原创理论著作，分为文史哲、社会政法、经济、国际问题、马克思主义等五个系列。文库以基础理论研究为主，包括专著和主题明确的文集，应用对策研究暂不列入。

多年来，海内外学界为社科文献出版社的成长提供了丰富营养，给予了鼎力支持。社科文献也在努力为学者、学界、学术贡献着力量。在此，学术出版者、学人、学界，已经成为一个学术共同体。我们恳切希望学界同仁和我们一道做好文库出版工作，让经典名篇，"传之其人，通邑大都"，启迪后学，薪火不灭。

社会科学文献出版社
2015 年 8 月

社科文献学术文库学术委员会

（以姓氏笔画为序）

作者简介

王春光　中国社会科学院社会学研究所副所长、研究员、博士生导师，中国社会科学院社会政策研究中心主任，中国农村社会学专业委员会理事长，中国社会学会常务理事，中国社会政策专业委员会副理事长。主要研究领域：社会结构、农村社会学、社会流动、社会政策、社会治理和社会建设、移民社会融合、农村反贫困等等。出版的专著有《社会流动和社会重构》（1995）、《中国农村社会变迁》（1996）、《巴黎的温州人》（2000）、《当代中国社会阶层研究报告》（2002，合著）、《农村社会分化与农民负担》（2005）、《超越城乡》（2016）等。在《中国社会科学》《社会学研究》《社会》《江海学刊》《中国人口科学研究》《探索与争鸣》《中央党校学报》《国家行政学院学报》《江苏社会科学》《浙江社会科学》《浙江学刊》等杂志发表过论文。

内容提要

本书是对在异域他乡打拼的一个中国移民群体——巴黎温州人——持续进行十多年社会学跟踪调研的展现。研究发现，与过去相比，巴黎温州人群体不论在产业形态、居住位置，还是在组织形态、交往方式以及代际关系等方面，都有了明显的变化，集中体现在他们的行动空间与过去有了显著的差异。本书从空间重构的视角，深入刻画了巴黎温州人在中法之间、在群体内部的社会地位空间格局，以及这种格局对他们的社会融合具有的意义和价值。

Abstract

Here is a longitudinal sociological study of a group of hard-working Chinese immigrants in a foreign land. The study shows that immigrants from Wenzhou in Paris have very different experiences today in terms of what they do, where they live, how they organize themselves and interact with one another, including between different generations,from what I observed during my first fieldwork in that city in 1998. All these differences are reflected in changes in their behavior space. The author presents an analysis of how immigrants from Wenzhou achieve the reconstruction of their own space and realize social integration by negotiating their social status both between two different countries and within the group itself.

目　录

Contents

导　论

　　作为温州人，笔者对自己家乡的变化和发展自然会有多一份的关心和牵挂。正是出于这样的心情，笔者试图不断地去研究它和理解它。改革开放以来，温州的发展在全国一直备受关注。这些关注有时候是批判性的，有时候是建设性和褒扬性的。这说明温州的发展，并不是那么顺畅，而是有起伏颠簸，之后却总会延续快速发展，让其他地方羡慕。可是 2008 年以后，温州的情况并不像以前，受其他地方的关注似乎越来越少，去温州参观学习的人也不像以前那么多了。于是，有个别有名的经济学家，或者更确切地说，在电视上出名的经济学学者断言温州没有出路。这引发了温州一些学者和官员的反驳和愤慨。确实，在前几年，温州人和温州似乎面临干什么都不顺的困境：山西整顿煤矿秩序，温州人据说亏了 800 亿元；俄罗斯打击清关（灰色进口）行动，温州商人的商品被没收，损失惨重；国家调控房价，温州房市跌得厉害，成为全国 2013 年和 2014 年唯一一个房价垂直下跌且跌幅过半的城市；加上金融危机，少数温州商人玩起了"跑路"，甚至跳楼自杀（实际上跑路和自杀的情况不只发生在温州，其他地区也存在，只是温州更为显眼一些）……温州的经济发展速度一度跌入浙江各地市排名中的倒数几位。人们不禁会问：温州怎么啦？温州人怎么啦？国内外媒体纷纷关注。尤其是温州的一些本地学者和官员开始忧心忡忡地说，温州出问题了，温州失去了活力，但又找不到对策和出路。他们的危机感陡然而生。最近两年，温州发展又好像缓过劲来了，出现了"触底反弹"迹象，但是也没有以前那么强劲。这似乎跟全国乃至世界经济态势同步。然而，如果以前温州是个"优秀生"的话，那么现在为什么却不能再做"优秀生"呢？尽管当前全国经济趋缓，但依然还是有"优秀生"存在，为什么温州却不再是"优秀生"，而仅仅是一个"普通生"，甚至是一个很一般的"普通生"呢？也许任何经济体不管大小如何，都不可能长期保持经济发展的"优秀生"身份，温州这么一个小经济体也是如此。但有研究认为，温州的经济运行模式不可能确保温州经济的长期活力。这样的经济运行模式是什么？就是靠亲戚朋友和家族等社会关系网络来经营的经济（史晋川，2004）。这里我们需要思考这样一个问题：温州发展趋缓，是不是与温州人的生活方式直接有关？如果是，那么温州人是不是就没有能力突破原有的生活方式去寻找新的发展动能呢？如果不是，那么又是什么原因？当然，本书并不是来回答和解释温州发展趋缓的原因的，而只是想展示温州人究竟有多大的自我提升能力，温州人在碰到困境的时候是怎样突破的，以及能在多大程度上突破。这里涉及人的行动与结构的张力问题。对此，社会学历史上存在两种截然对立的观点：一种是唯名论观点，认为不存在社会实体，只存在每个个体，每个人都是自由的行动主体，不受结构限制；另一种是唯实论，认为社会是实实在在存在的，个人是受社会制约的。按唯名论的观点，温州经济发展趋缓，是跟温州人的所作所为有关；而按唯实论的逻辑，则不是个人的问题，而是社会结构导致的。事实上，情况并不那么简单。我们不能把一个地区的发展缓慢都归咎于个体行为，也不能完全认为是社会整体所致。个人与社会的关系相当复杂：社会确实是存在的，每个人不可能完全脱离社会而自由行动，但个人并不是无所作为的，当然不同人有不同的作为和影响。也就是说，作为个体的人可以以不同的方式行动和发挥作用。而其中最经常采取的行动则是参与到集体行动中去发挥作用。所以，看温州发展的趋缓，既要从温州人的行动上去分析，也要从结构层面去探讨，才能找到问题的实质原因。这里并不是去讨论温州人在温州的行动以及他们与社会的关系，而是要从温州人在其他地方的行动以及他们如何取得发展入手，看能否为解释温州发展趋缓提供另一种不同的视角？能否去更好地理解温州人的行为？能否更好地提升对人的行为的理解？

最近看了社会科学文献出版社出版的《不死的中国人》一书，从中获得不少启发。该书作者是两位意大利记者。他们对意大利的中国人有较长时间的观察和调查。他们在书中谈到，一开始他们对那些在意大利的中国人很反感，有很强的偏见，可是随着调查的深入，发现那些中国人的所作所为与意大利人的过去没有什么差别："反射的是我们这种类型，但我们已经筋疲力尽，懒惰，颓废，恐惧。在我们面前的移民，还有着我们在 20 世纪 50 年代的活力和勇气，有着我们在黑白影片里那健壮和敏捷的身影。""特别容易打动我们的，是他们看待世界的那种乐观精神，他们认为一切都是有可能的，只要你有强烈的欲望。包括从遥远的浙江农村出发时只有一个纸箱；四十年后，带钱回去买下一座摩天大楼。他们把遇到的困难看作是一时的，就像身体有时会头疼脑热一样，而不是瘟疫。如歌德所说，强者并不是那些从不跌倒的人，而是那些跌倒了再爬起来的人。"（拉菲尔－欧利阿尼、李卡多－斯大亚诺，2011：1～3）作者刻画的这群人大多是从温州及附近农村地区通过各种方式来到意大利的中国人，也就是温州人。温州人吃苦耐劳的名声已经得到远播。至少在作者看来，他们所碰到的温州人对未来抱有乐观的态度和精神，不怕困难，而且有克服困难的勇气和行为。所以，他们称其为"不死的中国人"。这些人不但赚到了钱，而且挽救了意大利水稻区的农业生产，也振兴了意大利一些不断衰落的传统制造业。所以，这两位作者从原来对这些温州人的厌恶，到后来对他们的赞誉，表明了温州人在意大利的行动可以改变社会对他们的看法，或者说影响到意大利的社会经济。

笔者对意大利的温州人情况也有所了解。当初在法国巴黎调查的时候，碰到一些在意大利有亲戚朋友的温州人，在他们的介绍下，笔者也曾跑到威尼斯和米兰，调查生活在那里的温州人。当然相对而言，笔者对巴黎温州人的了解更多一些、更深一些。1998年下半年，笔者有机会去巴黎对移居他乡的温州人进行深度的实地调查，并在《中国社会科学》和《社会学研究》上发表了相关研究文章，出版了《巴黎的温州人》一书。当时笔者关注的人群跟这两位意大利记者所关注的人群有着相似的背景和特性。笔者虽然没有那么强烈地感受到这群人具有意大利人（或法国人）曾经拥有但已经流逝的那种精神和勇气，但确实曾为我们的温州老乡在异国他乡那种孜孜不倦、辛勤劳作的创业劲头而自豪。笔者还非常清楚记得，凡是笔者接触过的、调查过的温州人都有过非凡的经历和坚韧的奋斗精神，他们为了赚更多的钱而不怕吃苦、不停劳作。十多年过去了，这种精神是否犹在？他们是不是如在温州本地的人那样也面临困境？他们有没有创建新的生存和发展形态和路径？如何看待他们这十多年的变与不变？从这里能否找到可以为温州摆脱发展困境的一些启示？

二

从学术角度来看，这些问题是否有研究价值？关注这些问题是否显得视野过于狭隘？任何研究不可能不去面对和解释现实问题，连现实问题都解释不了的研究和理论观点，是没有价值的。当然，我们可以用更冠冕堂皇的学术语言将自己的研究进行包装，而"过度包装"

表面上好看，实际上根本没有实用价值，反而会造成严重的学术浪费甚至污染，因此这种做法万万要不得。研究温州人，还是要从他们面临的问题谈起，应该对这些问题做出一定的、有说服力的解释。社会学视野不同于经济学视野，它更偏重于对人的行为（包括经济行为）、人际关系和社会关系、组织、群体、社会结构以及社会心理活动的观察、分析和讨论。在先前的研究中，笔者着眼于社会关系和社会资本对巴黎温州人行为的影响的研究，以解释他们怎样在巴黎立足以及拓展他们的发展空间：以各种方式来到巴黎的温州人是如何在巴黎站住脚？如何展开他们的生命历程？他们为什么有这样的行为选择？如果从人力资源或经济资本的角度去理解的话，我们几乎看不到温州人在巴黎生存的可能性，更不可能有什么发展了。他们没有受过良好的国内教育，又不了解法国社会；他们举债来到巴黎，偷偷地给他人打工，缺少经济资本，但他们中的许多人为什么又能在五年或十年内实现从打工者向老板的角色转变和职业升迁呢？他们为什么有与中东和非洲移民很不相同的表现呢？许多中东和非洲来的移民不但不能实现从打工者到老板的转变，而且连工作都找不到。所以，不少中东移民和北非移民处于失业状态。但是，我们在调查中很少看到温州人中有谁失业的，而只看到一些人工作辛苦一些、工资低一些，然而他们都有强烈的动机和愿望，希望早日当上老板。那么，人们不禁会问这样的问题：温州人为什么能找到工作呢？他们又是到哪里找到工作的呢？法国公司不会像歧视非洲和中东移民那样歧视温州人吗？实际上，巴黎的温州人大多是在自己的圈子里找工作，而自己圈子里有很多人当老板，这些老板之前也是打工者。从这里，我们可以看到，他们虽然没有很高的人力资本，也没有很强的经济资本，却能将自己拥有的传统社会资本功能发挥到极致，通过社会资本与经济资本之间有效的转换，借助他们的奋斗精神这一润滑剂，得以构筑出他们在巴黎生存发展的空间和机会。

世事沧桑，与十多年前相比，法国的经济乃至欧洲经济显得更没活力。2008 年的金融危机将整个欧盟拖入了经济衰退境地，至今还为欧债危机所困。这样的外部经济状态对温州人来说意味着什么呢？会不会影响他们的经营和发展呢？2013 年笔者再去调研时，明显感受到那里的温州人在艰难地与恶劣的外部经济环境进行搏斗和抗争。有人反映说，巴黎温州人公司中有三分之一处于亏本状态，市场很不景气。

与此同时，经历十多年，巴黎的温州人也出现代际更替，当初千辛万苦跑到巴黎打黑工、办店办厂的老一代似乎在渐渐退出，而年轻一代的进入将会给巴黎温州人这个群体带来不同的影响。当初他们离开中国时，中国的经济发展刚刚起步，水平还不很高，老百姓生活还相当困难。但是，经过十多年的快速发展，到 2010 年中国经济综合实力跃居世界第二，国民生活有了显著改善，这对巴黎的温州人又意味着什么呢？当初温州人"敢为天下先"的敢闯敢拼在国内外遭遇挫折的命运是否也在降临巴黎的温州人头上呢？巴黎的温州人又是怎样地看待、应对他们面临的比以前更为复杂的处境呢？带着如此多的疑问和思考，笔者于 2011 年和 2013 年两次返回巴黎，对温州人进行了总共两个月的实地调查，发现了一些新情况和新问题。笔者觉得这些新情况和新问题对于理解和认识移民的社会融合路径有着相当重要的价值，于是就产生了再次分析和探讨这些新情况和新问题并呈现给读者的强烈冲动，并希望与读者一起分享和讨论。尤其是当前欧美等发达国家在社会总体氛围上出现越来越排斥外来移民的情况下，再来探讨巴黎温州人的新的社会融合问题，将具有重要的意义和价值。

三

温州人究竟是怎样的一群人？他们是不是一个非常特殊的群体？他们在多大程度上体现了与其他中国人不同的独特性？而在独特性之

外，他们又在多大程度上保留了中国人的一些共性？其他地方的人对温州人的评价有着许多一致性："精明、会赚钱"，"投机者"，"有钱人"，等等。当然，这里并不是想探讨温州人是什么样的群体。事实上，温州人内部也是非常多样的，难以用一句话来概括和评价。本书把巴黎的温州人作为移民来看待，探讨他们在异国他乡是怎样行动的以及为什么采取这些行动（受什么因素影响）。巴黎的温州人，特别是第一代巴黎的温州移民，他们大都是在国内的社会经济和文化环境中成长起来的，不可避免地被打上中国人的烙印。从逻辑上说，巴黎的温州人作为华人的一个子群体，显然是华人这个集合的组成部分，自然也具有华人社会和文化的一些共性。但是，他们在成长过程中，不可避免地受到一些区域性因素的影响。比如，闽南人、潮汕人等都属于华人中有特色的亚群体，都有自己特立独行的一面。即使是特殊性，我们还是要了解这些特殊性在他们的社会融合中发挥作用的机理以及这些机理所蕴含的理论和实践价值。事实上，本书所调查和研究的巴黎温州人既不能说在温州人中具有多大的代表性，也谈不上在中国人中有多大代表性，因为我们采用的是定性的常人民族志方法，不追求研究对象的代表性，而是想通过饱和的定性调查（深度访谈和个案拓展法），从了解到的饱和状态中寻找一些机制性或机理性认识，来达成对温州人乃至中国人行为的理解。

研究巴黎的温州人，究竟有什么价值呢？或者说，想达成怎样的研究目的？笔者曾在2001年出版的《巴黎的温州人》中谈到过当时的研究目的，即同样的人群在不同制度（主要指法律政策等正式制度）下是否会有不同的行为，或者说，制度对行为究竟有怎样的影响。当时的研究发现是，虽然在不同的制度中，身处不同地方（如温州本地、北京、巴黎等）的温州人有着许多相似的或相同的行为方式，比如他们在做事的过程中都偏好于动用社会关系；又比如，他们都热衷于在一起做事（集群特征）；等等。但是，正如笔者曾预设的那样，不同的制度情境确实会影响人们的一些行为。当时在调查中发现，如果制度越不完善，那么社会关系的作用就越大，反之亦然。比如，在20世纪90年代北京的浙江村，那里的温州人在寻求制度解决无果的情况下都会转向以内群体的方式去行动，强化了社会关系在他们中的作用。离开了这样的社会情境，在巴黎，温州人为了适应法国的制度和社会风俗、传统，确实会对他们的行为进行一定的修正和调整，他们知道法国有着完善的法律体系以及严格的执法程序，他们就得遵循，也会去遵守，否则会受到难以承受的制裁代价，所以他们在守法上会更为自觉一些，当然也可以说是在被强制和威胁下的一种自觉，然后慢慢地变成真正的自觉。与此同时，他们相应地会减少对人际关系的倚重。当然，在这样的修正和调整中，他们看中的是自己在法国的生存和发展。也就是说，他们是为了使自己更好地生存和发展才去修正自己的行为，而不是纯粹地迎合当地社会的习俗和传统乃至制度。这里有一个以我为主还是以他人为主的问题。温州人在异国他乡基本上采用的是以我为主的生存和发展策略。这是一种实用性或者功利性策略。但是，笔者还不知道，这种策略究竟能够维持多久，究竟会对他们在巴黎的社会融合带来什么样的影响，究竟如何看待他们在巴黎的社会融合，这种策略是不是中国人在海外社会生存和发展的主要策略之一，对理解中国人走向世界有着多大的意义和价值，随着代际更替，这种策略会不会改变，甚至被其他策略所取代，等等。另外，需要指出的是，前一个研究重在比较同样是温州人在不同制度环境下的行为表现以及影响因素。而现在呈现出来的研究是在上次研究基础上的跟踪研究，研究重点有所改变，即从原来不同体制下的行为比较转向关注对巴黎温州人与19年前相比而发生的变化。过去的19年为我们深入观察和思考巴黎温州人的行为提供了很好的时间和空间。笔者也正是利用了这个时间和空间，一直跟踪着去研究和调查。总而言之，研究的目的和动力来自对人类自身的认识，对巴黎温州人的研究也属于这样的科学认知活动。从先前的研究中，至少我们可以看到，巴黎温州人作为一个移民群体，在移居国，并不是一个被动的行动者，而是有很强的主动反思、学习能力的，他们不会等待被动地被接纳，而会主动地去接纳移居国社会的一些规则、观念、生活，但这又是选择性的。与此同时，他们也会主动地去影响甚至改变移居国社会的一些观念乃至行为规则等。那么，他们又是怎样去主动接纳、改变移居国社会，以及会产生怎样的效果等，这就是本书所要深入探讨的问题。

四

移民究竟以什么样的方式与流入地社会结成怎样的关系，一直是学术研究和讨论的重点，因此出现各种各样的理论和观点，如同化理论、多元文化主义、族群经济理论、分层融入理论、社会排斥理论等。实际上，移民与流入地社会的关系是相当复杂的，并不是一维性的，而是多维性的，而且每个维度在不同时期是变化的。尽管美国号称自己是一个移民大熔炉，美国梦可以破除四面八方来客的文化屏障，实现民族大同，不同种族的人来到美国就是追逐这个梦想，从而被美国价值和文化所同化。可事实并非如此，也没有那么简单。美国梦对许多移民来说依然还是梦，20世纪60年代黑人领袖马丁·路德·金的《我有一个梦》，迄今也还是梦。美国新任总统特朗普上台不到一个月就签署了"禁穆令"，并计划在美墨边界兴建围墙，从另一个方面说明美国的所谓大熔炉已经出问题，现在有不少美国中低白人害怕移民进来。他们之所以惧怕移民，原因很多，比如担心一些恐怖分子混入移民队伍，当然更主要的原因是许多中低阶层白人在过去的发展中没有获益，他们把问题归咎到移民身上，因此对移民产生排斥情绪。2016年进行的热火朝天的总统大选，虽然有所谓的社会主义主张赢得社会的热捧，但更主要的还是因为美国社会变得越来越不平等，差距越来越大，引起选民的极度不满，于是转向社会主义。事实上，在日益不断扩大的不平等中，身处底层的移民群体受到的社会排斥比中低阶层白人更大，他们的社会融合问题不是改善了，而是出现恶化。经过几百年的历史，黑人还是没有完全与白人社会实现融合，尽管美国已经诞生了历史上第一个黑人总统奥巴马；讲西班牙语的拉美移民在美国依然保有自己的文化。实际上所有来自其他国家的移民在美国大多保留着自己的文化特色和社会特性。美国有意大利移民社区、波兰移民社区、唐人街、韩国城等，它们之间有着各具特色的文化和社会特质。这些有自己族群特色的移民社区已经成为美国社会不可分割的一部分。但这是不是一种满意的关系呢？

同样，在欧洲，不同国家的移民也有着不同的聚居地，展现着自己民族的文化和生活特色。在巴黎街头，人们会看到不同肤色的人群，他们以自己的独特方式过着自己的生活。这会让初次来到巴黎的人感觉到，巴黎是那么得多样，是那么得包容、开放、自由。有法国学者告诉笔者，在 20 世纪七八十年代，巴黎街头中国人很少，他每见到一个中国人就很兴奋，就想找他说中文，而现在巴黎地铁里，每节车厢里都有不少中国人，尤其是温州人，说着他们都听不懂的温州话。他说，巴黎就是这样的城市，只要你能在那里待着，尽管你是非法的，却依然有生存的空间。此言不虚。在巴黎的 21 区、19 区、93 区，集中了大量中东、北非移民，他们中的一些人经常在地铁出入口一带兜售服装、首饰品等。中国人（尤其是本书所研究的温州人）则集中在巴黎 3 区庙街、11 区伏尔泰街、19 区与 21 区交界的美丽城、93 区的奥贝维耶勒一带和 13 区（13 区集中了 20 世纪 70 年代从东南亚逃难到法国的潮汕人）。同样人们会问的是，这样的社会关系是不是令人满意的？

实际上，20 世纪被称为欧美国家的移民世纪。在这个世纪中，移民问题一直是欧美国家最具争议的问题。这个问题并没有因 21 世纪到来而得到化解，反而变得更加严重。2001 年美国发生的"9·11"事件，以及过去十多年在英国伦敦、法国巴黎、比利时布鲁塞尔等城市，乃至北欧瑞典、挪威等国家发生的恐怖事件，特别是 2015 年来自叙利亚、利比亚等地的上百万战争难民以及巴黎恐怖枪杀事件进一步催生了移民问题的敏感性。移民问题跃升为当今欧美各国最敏感、最具争议的政治问题。2016 年英国投票脱离欧盟，移民问题是一个很重要的催发因素。进入 2017 年，法国、德国选举正激烈，很大程度上也源于移民问题，排外的右翼政治势力借此获得越来越多的选民支持。从美国和欧洲各国的政治走势中可以看出，移民与移入国的关系并没有达成和谐、满意的状态。

有着不同文化传统的人在一起如何相处？他们相处的理想状态应该是什么？移民应该享受什么样的权利？移民的到来究竟影响到移入国社会什么样的关系和秩序呢？学界对这些问题的思考、研究和探索，提出了各种各样的移民理论。从 19 世纪开始，特别是 20 世纪，移民问题是发达国家的主要社会和政治议题，困扰着很多发达国家，成为这些国家政治斗争的焦点。一些政客乃至媒体经常渲染移民带来的社会问题，但他们看不到移民为发达国家做出的巨大贡献。大家都知道，世界上最优秀的人才通过移民涌入美国，成为美国公民。当然，有一些美国人会说，世界英才之所以选择移民美国，是因为美国有着优秀的文化和制度。但是如果没有英才的进入，美国要自己培养英才，需要花费更多的时间和经费，甚至不一定能做到。同样，其他发达国家渐渐地发现移民的贡献。因此，世界各国有这样一个共识，即国家竞争首先是人才竞争，各国争先出台各种优惠政策以吸引他国人才为己所用。但是，问题在于，伴随英才而来的还有大批非精英移民，他们也是追随发达国家的富有生活而来的，他们并不一定是发达国家所急需或需要的，甚至被发达国家的右翼势力视为抢饭碗、增加发达国家福利负担的一群人。"报道集中于负面新闻，强化寻找庇护者是一种威胁的观念，认为它们将夺走'我们的'工作，并成为社会负担。"（罗斯玛丽·塞尔斯，2011：8）所以，不少发达国家都有鼓励技术和专业人士移民而限制体力劳动者移民的限制性移民政策和做法。欧洲就是从 20 世纪 70 年代开始采取了零移民政策。但是，这样的限制并没有达成决策者的所愿和所想。"只有那些具有发达国家合意之技能的人才能跨越发达国家的边境，还有一小部分能为难民身份提出无可辩驳的理由。但是大部分为了追求更好生活或维持经济生存打算迁移的人面临重重阻碍，他们只能越来越多地求助于蛇头们，让后者帮助他们偷渡越境。"（罗斯玛丽·塞尔斯，2011：5）发达国家在吸引人才的同时也阻挡不住普通移民的脚步，尤其是当前，由于交通和资讯高度发达，普通移民出国比以前更方便、更容易。因此，发达国家的各种政策限制变得更难有效、更难实现。

伴随非精英移民而来的社会融合问题几乎成为 20 世纪西方国家一直存在的社会问题，并且成为一些国家选举中的热门话题，欧洲一些极右政客以此获得了可观的支持。学术界对移民的社会融合问题给出了五花八门的解释。早期的移民研究者极力主张，一个移民要想融入流入地社会，就得改变自己的价值、文化和生活习惯，要全盘接受流入地的社会、文化和政治，同化于当地社会和文化，才是成功的社会融合。这就是同化论的核心主张。同化论提倡者和主张者显然从作为主人的心态，居高临下地对待外来移民。在他们看来，移民是野蛮的闯入者，如果不做出改变，尤其是不改变自己的文化传统，会给流入地社会带来麻烦和问题，因而会受到社会排斥。虽然这种理论已经受到严厉的批判，并且不时兴了，但是其思想依然在社会和政策上存在和流行。然而，移民并不是那么容易被同化的，而且并不是想同化就能同化。这里的原因很多，不可忽视的是，许多移民学习流入地社会文化的能力很有限，而且一个人不可能轻易改变已经内化了的文化习惯和价值。因此，真正被同化的可能性比较小，尤其对第一代移民来说更是如此。第二代、第三代移民是不是会被同化？看看美国的黑人文化就知道是怎么回事了。移民会以不同方式集聚在一起，形成自己独特的亚文化。这样的亚文化自然会受主流文化影响，或者吸纳了不少主流文化的因素，但是一定会带有自身的许多特点，尤其是会保留许多流出国的文化基因，会派生出一些新的文化元素。

当越来越多的研究者认识到，完全用同化理论的想法不可能去改造移民，于是他们转而去探索移民的实然状态，以及他们与流入地社会的交流与联系方式和机制。有研究者发现，移民文化并不是一种消极因素，比如，如果没有大量非洲黑人迁入，至少美国不可能诞生摇滚音乐，美国的体育也不会那么强大，甚至没有美国篮球"梦之队"；同样，法国足球队在世界上最辉煌的时候，其绝大部分队员是来自非洲国家的移民或他们的后代。因此，移民给流入地社会带来多元文化因素，不同文化在交流中产生一些新的文化因子，使得流入地文化更具创新活力。像加拿大、澳大利亚等国家明确宣布实行多元文化的移民政策。多元文化理论认为，移民文化与流入地文化并不存在孰优孰劣、孰好孰坏的问题，它们各自的不同特色对对方来说都是新鲜的、有意义的，因此，会产生相互尊重、相互学习的效果。当然，并不是所有的人都愿意接受多元文化，而且移民文化中也存在一些让其他族群无法理解的东西，使得流入地社会对移民文化产生误解、偏见甚至诬蔑等。欧洲某国有媒体曾造谣说中国餐馆爱用死人肉做菜，理由是中国人什么都敢吃。这样的事例同样在其他地方也不时发生。2005年7月7日伦敦交通枢纽发生爆炸后，有人开始质疑多元文化主义："2005年7月6日，国际奥委会宣布伦敦成功获得2012年夏季奥运会举办权。人们普遍把这一始料未及的结果归因为伦敦的多元文化主义，这是该城市在竞争主办权过程中展现出来的主要特色。然而，第二天，4个英国土生土长的穆斯林青年在伦敦市交通枢纽地区引爆了炸弹，总共炸死52位市民。……该事件进一步加剧了人们对国际迁移和种族多元化的担忧。"（罗斯玛丽·塞尔斯，2011：1）显然，移民与流入地社会之间不时发生排斥与反排斥、报复与反报复的冲突，对多元文化主义理论带来很大的挑战。

但是，同化不了，多元也不行，那么移民的归宿又将是怎样的呢？移民在流入地应不应该享受公民权利呢？移民又将如何应对社会融合问题呢？理论又给予怎样的解释？有研究发现，移民在流入地社会的融入不是一步到位的，先是处于边缘地位，然后会分阶层地进入主流社会，实现社会阶层地位的改善和提升，当然这里会存在许多低层移民难以实现阶层地位的改善，从而难以融入主流社会的问题和困境。斯波特提出的"少数族群经济聚集区"以及他和周敏（Zhou and Xiong，2005）一同提出的分阶层同化（周敏，2013）等理论力图解释美国移民的社会融合现象：少数族群聚集在一起，不像人们所想象的那样就是贫民窟，而是可以发展自己的经济，甚至有很繁荣的少数族群经济，比如纽约的唐人街、意大利城等。他们发现，有一些移民最先在少数族群聚集区生活，通过多年经营发财致富，然后搬离那里，进入主流社会。当然也有可能是通过子女的教育，慢慢地脱离移民圈进入主流社会的中上层等。这就是一种分阶层的融入现象。但是，这些理论依然没有解答，那些没有实现融入的，或者在聚集区也没有赚到钱的移民，他们又将会如何？他们依然会被视为社会的负担或者问题吗？会不会成为"怨恨的焦点和敌视的目标"（罗斯玛丽·塞尔斯，2011：8）呢？与此同时，在该理论看来，只有那些进入主流社会中上层的移民才是成功的社会融合，但他们是否真的融入主流社会了呢？而那些依然处于下层的人难道就不能算是成功的社会融合吗？如果说只有阶层地位的改善和提升，才能算是社会融入，那么显然处于底层的非移民的美国人在美国是否也属于融入不好的一群人，而且这样的融合理论与阶层理论有什么区别呢？

美国社会学家威尔逊（William Julius Wilsom）认为，用种族主义来解释移民的贫困是不够的。他专注于对美国城区黑人底层阶层的研究，在《真正的穷人》一书中对保守主义将黑人的贫困归咎于黑人的文化传统、观念和生活方式等做法提出批评，指出内城区的黑人之所以陷入贫困，原因是很复杂的，主要原因是黑人跟不上美国产业结构的调整和发展，尽管在 20 世纪七八十年代就业机会在增加，但大部分黑人没有能力参与城市的三产就业，并且集中居住在内城区，不能扩散到广大郊区和农村地区的制造业、加工业工作。要改变黑人的社会断裂，就得改变社会、经济和政策环境，而他们的所谓文化传统、生活方式和观念都与一定的环境直接相关。显然，在他看来，移民形成聚集区，是社会、经济发展的产物，是"内城区阶级转型的结构，包括贫困在内城区居民点的日益集中"，而聚集区并不意味着就有助于他们的融合，而可能出现的是社会断裂，比如犯罪、吸毒、未婚先孕、女性户主家庭，等等。解决的办法是，"从公共政策的角度看，这将意味着把焦点从改变亚文化的特质（如'贫困文化'论题所倡导的），转向改变限制和机会的结构。"（威尔逊，2007：86）威尔逊给我们的启示是，在分析移民的社会融合问题上要关注经济结构转型与公共政策的关系，着重解决限制性的机会结构问题。

正如周敏指出的，移民的社会融合是非常复杂的，受移民自身的社会经济背景、所居住的社区、移出国以及移入国的经济社会乃至政治因素等多方面的影响（周敏，2013）。由此，移民的社会融入方式、程度、状态等也就很不相同。据在巴黎对温州人以及其他族群的了解和调查，我们发现，巴黎的温州人在社会融入上确实有不少独特性（王春光，1999）。在过去十多年的观察和调查中，我们进一步发现这些独特性的具体展示和体现，并从中发现，移民的社会融合并不是只有模糊自己与主流社会的边界一种方式和状态（Alba and Nee，2003），而是还需要有自己的生存和发展空间，这样的空间在一定程度上不但能起到保护自己免受主流社会对融合能力的损害的作用，而且还能增强自身的融合能力，从而更好地融入主流社会。这里需要指出的是，我们的社会融合或融入含义不是同化概念，而是一种平等的、共存的、交流而不排斥的状态，因此，对社会多样性、文化差异性有很强的包容性或者兼容性。这就是本书向读者展示的一种视野和观点。当然，这里是否存在不同移民群体在聚居空间上会有不同表现的问题。比如，威尔逊认为，黑人在内城区聚居反过来会减少他们获得工作和就业机会，从而削弱了他们的社会融合能力。但本书所研究的巴黎温州人聚居却并不是这样的状况。这个问题并不是本书所能解答的，只能留待今后或者其他学者去思考和研究了。

五

这是笔者第二本讨论巴黎温州人的书。在继续分析第一本书有关社会关系资源与温州人的生存和发展行为关系的基础上，本书将进一步讨论巴黎温州人群体在构筑其生存和发展空间上的具体做法，以及由此带来的差异和对他们社会融合的影响。在笔者看来，移民在流入地的社会融合并不一定表现为像冰糖溶化在水里那样而无影无踪，也可以以有形的方式与主流社会实现和谐、合作和平等关系，甚至如果有自己的特点和优势，也许会有助于他们实现与主流社会更平等的融合。事实上，不管如何判断移民的社会融合，移民都会以这样那样的形式明显地存在。从中我们看到，移民群体有自己的生存和发展空间。这样的空间是由相应的社会、经济、市场、文化乃至地理生态等构筑起来的。因此，它们不只是一个地理空间，更是一个社会文化空间，有时候并不表现为地理空间，但是依然存在，为人们所感受到。

社会空间（Social Space）这个概念最早由法国社会学家列斐伏尔提出。他在《空间的生产》一书中从本体论的角度讨论了空间的社会性和社会的空间性，指出空间并非单纯的物理形态，而是与社会、经济、政治和文化等纠缠在一起的。"任何一个社会，从而任何一种生产方式，都会生产出它自身的空间。"他认为是生产力和生产关系产生社会空间，与此同时，空间也会成为一种重要的社会力量资源，对空间的控制是日常生活中一种根本的和普遍的社会的力量资源。他由此提出了空间实践的三重性：空间的感知（perceived）、空间的再现（conceived）和空间的表象（representational）。哈维发挥了列斐伏尔的空间三重性，提出了具体化空间的四方面内涵，即可及性和间隔化，空间的占用，空间的支配和空间的生产，并与空间三重性范畴构成一个分析网格。布迪厄有关社会空间的概念就是指他的场域，是指由各种社会关系构筑的社会位置网络。有研究者对社会空间与公共空间进行了区分，认为公共空间并不等于社会空间，只有由一些有关系的人使用后才成为社会空间。

这里之所以采用社会空间理论，有这样三方面的考虑：一是温州人来到巴黎，在3区的庙街、19区和20区交界的美丽城、11区的伏尔泰街、93区的奥贝维耶勒等，形成了自己独特的商业经营空间，为什么会有这样集聚？这种地理空间的集聚是否蕴含社会、文化的意义？二是巴黎温州人已经成为一个明显的移民群体出现在法国社会，他们除了自己的独特商业经营空间外，还有自己的文化、生活标志和组织形态。按列斐伏尔的社会空间理论，空间具有两重性：人们在空间中生产，又生产空间，这就是空间的实践。巴黎温州人也是如此，在空间中生产又生产着空间。他们在巴黎地理空间中找到了自己的经营活动场所，并在空间中生产，结果又将那里变成了"温州人"一条街（法国还没有唐人街的叫法），实际上是生产了空间。三是温州人在生产空间中展现自己的存在，建构自己的内部和外部关系。这个过程是怎样开展的，又会带来什么样的影响？实际上我们在调查和研究过程中，更多的问题跃进脑海：巴黎温州人是不是在更大的社会空间里生产和生产更大的社会空间呢？他们在中国与法国之间是不是也存在这样的现象呢？他们在与法国主流社会互动中又是如何呢？本书的"三重社会空间"概念由此得以形成。

本书利用笔者多年对巴黎温州人的深度田野调查，向读者们呈现他们建构社会空间的路径和机制，从理论上去探索社会的生产机理。社会空间显然是从地理空间演绎过来的，既然作为空间，似乎应该具有一些相同或相似的要素，一个空间肯定有一定的场所、边界和范围、层次等。除此之外，社会空间一定是有社会乃至文化含义的，也就是空间的社会性和社会的空间性。在这里，社会空间有两层含义：第一，地理空间由于被人所使用、利用、占有、支配而成为社会空间，人的这些活动具有一定的社会、经济、文化乃至政治意义。第二，社会空间与地理空间基本上没有直接的关联，而是一种社会结构形态，包括群体形态、阶层形态、组织形态、社区形态等都构成一定的社会空间。法国社会学家布迪厄的场域就是后一层面的社会空间。本书就是从这两个层面使用社会空间这个概念。与18年前相比，人们对巴黎温州人的空间感知已经有了很大的不同。同样，他们自己的空间感知也有了明显的变化。在这种变化中，实际上彰显的是他们在社会空间上与法国主流社会空间以及祖籍国社会空间的演变。反过来说，所有这些变化都可以用来解读巴黎温州人的社会空间现象。这里提出了三重社会空间去观察巴黎温州人过去15年的变化。这三重社会空间分别是巴黎温州人内部的社会空间、巴黎温州人与法国主流社会的空间，以及他们与中国之间的社会空间。这三重社会空间对不同的巴黎温州人有着不同的含义，或者说不同温州人在三重社会空间中占据不同的位置，从而构成了巴黎温州人社会群体内部的分化和多样性。

第一章

法国移民问题

　　法国究竟是什么样的国家？不同的人会给出不同的答案。有人说，法国是西方民主的发源地；有人说，法国是世界艺术之都；更有人会说法国是浪漫之乡；等等。如果身处巴黎街头，你会看到来自四面八方、五湖四海的各色人等，似乎与你原来的想象不同。事实上法国就是这样一个族群多样的移民国家。一位曾在法国留学7年之久的朋友，在一次闲谈法国时说，巴黎给他印象最深的是，那是一个世界上最自由的城市，作为一个东方人，在那里生活，并不会感到不自在，并不会觉得自己是外来人，生活可以自由自在。当然，他的感受不能代表其他外来人，也不一定所有的外来人都有与他同样的感受。但是，法国至少巴黎确实有越来越多的外国移民，至少可以说明那里有他们生存的空间和机会。而这其中就有许多来自中国温州的移民。温州人在巴黎的感受如何？他们以什么样的方式生存下去？不同的温州人自然会有不同的感受，也会有不同的生存方式。但是，从总体上看，他们与其他移民群体乃至主流社会相比，是否有一个让人特别的印象？这里先从法国移民历史以及温州人移民法国的历史谈起。

第一节 移民法国

笔者曾问过一个法国学者:"是否存在一个法兰西民族?"他很干脆地说:"没有。"这与我们的教科书所描述的有很大的差别。他说,历史上的高卢人早已消失在欧洲的纷乱和迁移过程中。而笔者不是研究法国历史的,因此对此也没有什么可以与他争论的,但是他的这种说法至少告诉我们一点:在一些法国人看来,法国是一个开放的国家,并不拘泥于某个民族。而从历史来看,法国确实也是欧洲最早吸纳移民的国家,因此它也自豪地认为是欧洲最早的移民国家。

移民法国,最早始自19世纪上半叶。有人把法国移民历史分为四个阶段:19世纪20年代到19世纪末;20世纪初到第二次世界大战结束;1945~1973年;1973年到现在。[①] 19世纪初,法国处于工业化初期,需要大量的劳动力,但是法国小农经济使得法国不能从农村转移足够量的劳动力参与工业化,在整个19世纪,每年从农村转移到城市和工业的人口为9万到14万,不足以满足企业用工需求。与此同时,法国与德国发生了两次大规模战争,损失了200多万人口,加上19世纪后期法国人的生育意愿下降,人口出生率和自然增长率也大幅下降,因此,法国只能转向从周围一些国家(如意大利、西班牙、英国、德国、比利时等)吸纳劳动力。据统计,19世纪50年代法国的外国人有30.93万人,占人口的1%,到1901年,法国的外国人总数已经达到116万人,几乎占到总人口数的3%。先期是比利时人在外国人中占的比重最大,到20世纪初,意大利人超过比利时人,在法国的外国人中占第一位。这个阶段,法国移民大多来自邻国,有着许多相近的文化,比如比利时就有不少人会说法语。这种相近文化

---

① http://www.docin.com/p-797009502.html.

有利于他们融入法国社会。当然这种近邻移民（或者说是短距离移民）与交通发达与否有关，在 19 世纪，交通没有现代那么发达，因此，远距离移民就比较困难。

从 20 世纪初到 1945 年第二次世界大战结束，有三件事对法国人口的变化影响很大：第一是法国工业化进入新阶段，对劳动力的需求比以前更大，本国劳动力不足以支持其快速的工业化和城市化。第二件事就是两次世界大战，法国人口损失严重，仅仅在第一次世界大战中法国就损失了 250 多万人（包括军人和平民），第二次世界大战中法国人牺牲了 150 万人。而且这 400 万人大多是男人。因此出现了女性比例过高、劳动力缺乏等问题。第三件事是俄国十月革命、德国纳粹迫害和西班牙内战，使得 80 万难民涌入法国，其中有 10 万人来自俄国，20 万人来自德国，50 万人来自西班牙。在这样的情况下，这个时期，法国从更多的国家吸纳了更多的移民，以弥补战争的损失、满足工业化以及战争重建之需求。第一次世界大战后，法国的移民数量急剧增加，从 1921 年的 150 万人，到 1931 年达到 270 万人，10 年中净增 120 万人。第一次世界大战期间，当时中国的北洋政府向法国派去了 13 万劳工，帮助英法联军抗击德军，战争结束后有一些中国劳工就定居法国。当时，法国政府也鼓励这些劳工留下来。这可能是中国人成规模移民欧洲的开始，这当中就有不少人来自浙江温州，为后来大批温州人移民法国和欧洲奠定了社会关系基础。

第二次世界大战之后，美国在欧洲实施马歇尔计划，法国与其他欧洲国家一样，迎来了 20 年繁荣和发展的黄金时代。第二次世界大战后，法国更加缺乏劳动力，因此法国政府出台鼓励国民生育政策，希望在未来 20 年新增 1200 万新生儿，但这个计划并没有实现。法国政府认识到这一点，就在 1945 年制定第一部移民法，成立国家移民局，制定了吸引外国劳动力的政策。当时，能为法国提供劳动力的国家是中南欧以及法国的原非洲殖民地国家。随着第二次世界大战的结束，法国在非洲的殖民地纷纷宣布独立，但它们与法国依然保持着密切关系。因此，尽管法国更倾向于从周围的欧洲国家输入劳动力，但非洲马格里布地区的国家却成为法国移民的最主要来源地。1946～1955年法国每年平均输入3.3万移民，1956～1960年每年输入16万移民，1961～1965年每年猛增到30万移民。1946年法国的外国移民中欧洲人占88.7%，但是到1968年马格里布人却占到23.9%，进入80年代达到39%，到20世纪末，马格里布和来自其他非洲国家的移民占到了一半多，即50.5%。①

进入20世纪70年代，世界发生石油危机，法国和欧洲其他地区的经济不再像以前那么快速增长。这个时候，法国政府之前鼓励法国人多生1200万个新生儿的计划虽没有实现，但也完成了800万，经济的不景气，自然会传递到就业上来。也就是说，进入70年代，法国失业率明显增加，社会要求"停止移民""让外国移民滚回去"的呼声越来越激烈，以至于1973年夏天到年底发生了排斥阿尔及利亚人的事件。在这种情况下，1975年法国政府取消了原先吸纳移民的政策，出台了严格限制移民的政策（1995年甚至提出零移民政策），鼓励移民回迁流出国。但问题在于，不少移民不但不愿回迁，而且千方百计把留在流出国的家人迁往法国。他们习惯了法国的生活，他们的子女更是生在法国，所以他们不可能轻易地放弃法国而回到流出国。特别是第二次世界大战后出现的"客工"，德国（西德）和法国等国家的遣返政策并没有使他们放弃驻留而回国，"与官方的政策和辞令相反，外籍劳工人口变得更加常驻。1974年西欧全面正式停止招募外国劳工，然而先前引进外籍劳工的国家，由于返乡率低，持续的家庭团聚和自然的人口成长（译者按：移民的第二代出生），使得法国面临外籍居民人数不断增加的情况。此

---

① http://www.docin.com/p-797009502.html.

外，政治难民成为国际移民潮的主要构件。"（Yasemin Nuhoglu Soysa，2012：22）与此同时，20 世纪七八十年代，世界还处于冷战时期，许多地区依然动荡不安，法国撑起避难权的大旗，毫无保留地接收东欧国家以及东南亚国家的不少难民，仅仅 1983～1990 年，就有近 28 万人申请避难权，甚至一些实际上并不是难民的人也申请难民身份。而在法国，难民获得确认的比例还特别高，达到 35%。我们访谈了曾经在那个时期负责过难民工作的法国人，他对接收难民以及难民的处境很有体会。从 20 世纪 70 年代末开始，中国移民加快了进入法国的步伐。他们先以家庭团聚为名获得法国的居留权，当然，有一些人开始偷渡出国，也包括偷渡到法国。在这个时期，中国移民中以温州人（包括丽水地区的青田人）和福建福清人为主。到了 20 世纪 90 年代，法国的中国移民已经在规模上相当可观，具有很明显的公共存在。有一个研究中国政治的法国学者对笔者说，20 世纪六七十年代，在巴黎街头见到一个中国人，非常高兴，很想上去与他说几句中文，以锻炼自己的中文能力，而在 90 年代，到处会看到中国人，每节地铁车厢里都会有中国人，中国人在公共场合的在场性非常显著。当然更不用说进入 21 世纪后，越来越多的中国游客光临巴黎，使得中国人更加醒目，巴黎的老佛爷挤满着购物的中国游客。不管怎样，从 20 世纪 70 年代以来，尽管法国政府严厉控制外国移民进入，但法国的外国移民数量却在不断地、显著地增加，其中一个特点是来自亚洲特别是中国和东南亚的移民增长非常快、非常明显。据法国内政部移民局的统计，迄今为止，法国的外国移民在 500 万人左右，占法国人口的 8% 左右，但是不知道有多少中国移民，更不清楚中国移民中有多少来自温州。

需要注意的是，法国法律界定的移民概念与学术概念是有比较大的差别的。就此问题，我们专门访谈了法国内政部一位负责移民政策的官员，并获得了这样的答复：

移民是指法国以外出生，无论是否加入国籍，都算移民。后来加入法国国籍，但是在法国以外出生的也算移民。520 万人在法国以外出生，但后来成为法国人。还有 170 万人在海外出生，但出生时即为法国公民。在国际比较中，我们会有 720 万人的移民数字，其中 520 人是在国外出生来法国的移民，另外是在外国出生的法国人。（2013 年 9 月，对法国移民官员的访谈）

按这位官员的理解，从法律上说，法国的移民包含两类人：一类是生在法国之外而后来加入法国国籍或者获得法国居留证的那些人，指第一代移民；另一类则是指虽然出生在海外或国外，但是一生下来就是法国国籍或法国公民的那些人。但是，这个概念至少排除了这样几层含义：第一，在法律上没有获得认可但是已经在法国生活乃至工作（指黑工及其家属）的那些外国人，就是通常所说的非法移民；第二，那些出生在法国的移民后代，比如从 19 世纪 20 年代开始移民法国的那些人乃至后来移民法国的那些人，他们在法国都有几代人的历史，他们的后代在法律上就不再被认为是移民。但是，学术研究会给予移民更宽泛的理解和界定，一般都会包含后面的两层含义，并且许多人在日常用语中也会把第二代乃至第三代的移民后代称为移民。

移民是一个很复杂的概念。就非法移民来说，由于从法律上看他们是非法的，因此，就没有将他们当作移民看待，在国家正式公布的移民数量统计上一般也不会包括他们。当然，事实上非法移民究竟有多少，各国都很难统计。就拿法国来说，究竟有多少非法移民，上文中的这位移民官员也无法告诉我们具体的数字：

非法移民数量没有准确数字。25 万到 40 万。（如何估计的？）有三个信息来源：一是很多人会申请合法化（"洗白"的过程），每隔几年就会有一次合法化；二是非法移民也有资格获得国家医疗救助 AME。通过这两种渠道可以获得非法移民数据。三是不同大学的学者们的估计。（2013 年 9 月，对法国移民官员的访谈）

根据我们与法国的一些移民研究者交流，实际的非法移民数量会远远大于移民官员所提供的数据。不过，他们都说数据是估计出来的，没有准确的统计数据。而有关法国的中国移民数量，同样是一个难题。这位官员说：

研究中国移民数量时争议很大，从 10 万到 120 万的说法都有。实际情况更简单一些，法国的普查数字是少于 10 万。大学里的专家认为，加上第二代移民，在所谓的中国社区的概念中，还再加上从东南亚来的人（包括越南、老挝过来的华人），大概有 40 万人。还有一些可信度更低的数字，其估计的中国移民数量更高。中国移民的总人数，在法国居第 12 位。去除欧盟国家外，中国移民的总人数在法国大致排第 7 位到第 8 位。移民总人数最多的还是北非移民，大概占 47%。（中国移民）每年签订移民融入合同（CAI）的有 3000~4000 人。（2013 年 9 月，对法国移民官员的访谈）

虽然有研究者指出，20 世纪 90 年代欧洲境内约有 1500 万移民人口，他们没有正式的公民身份，"这些外国人当中有超过半数者拥有永久居留的身份，可居住在移入国 2 年至 10 年。另外在西欧各国还有约 300 万的无证移民（undocumented foreigners）"。但是，我们在调查中发现，各国对自己的非法移民数量也仅仅停留在估计上。至于在法国的中国移民究竟有多少，法国政府也搞不清楚，而法国究竟总体上有多少非法移民，更不可能有准确的答案。

法国现有移民 500 万人，相当于整个法国人口的 8%，法国历史非常悠久，几百年来移民一直源源不断。其中每 4 个法国人中就有 1 个是移民的后代。现在每年要发放的长期移民签证有 19.3 万人（居留 3 个月以上）。每年有 10 万到 12 万人签署移民融入合同（其中 50% 多是以丈夫、妻子团聚的形式获得长住合同）：其中 1.5 万至 2 万是以"劳动力迁移"（labour migration）形式获得居留资格；1.5 万是以家庭团聚形式获得居留资格；4.5 万居留资格发放给学生；4 万到 5 万居留资格发放给难民（政治避难、辅助保护）；每年签发 6 万份技术评估报告；每年约有 10 万人取得法国国籍。（2013 年 9 月，对法国移民官员的访谈）

显然，法国的移民历史至少已经有 200 来年了。甚至有法国移民研究专家认为，葡萄牙人早在 16 世纪就移民法国了。而真正现代意义上的移民则出现在 19 世纪。因此，巴黎政治大学的文登教授（Catherine Vitold de Wenden）在采访中说：

法国历史上历来是一个移民国家，我们是欧洲第一个引进移民的国家，因为 19 世纪后半叶我们就缺少劳动力，所以 1850 年后我们就已经开始引进移民了。而其他国家，比如德国、西班牙并不是移民输入国家，他们是移民输出国家。法国是一个移民输入国家，因为自从 18 世纪末，由于工业化的兴起、经济提升，法国人口逐步降低，法国在 1900 年就已经有 100 万移民，19 世纪 30 年代，移民已经达到 300 万。而今我们同时有 20 万非法移民，目前有 350 万外国人居留在法国。法国是欧盟接收移民数量排名第五的国家。第一是德国，第二是西班牙，第三是意大利，第四是英国，法国是第五位。（2013 年 9 月 17 日的访谈，下同）

文登教授这里所说的 350 万外国人是指那些没有入籍的移民,自然与移民局提供的数据并不一致。不管怎样,移民成为法国社会的重要群体,而且尽管从 20 世纪 70 年代中期以后法国移民政策收紧,甚至 1995 年提出了"零移民政策"。

> 实际上从 1974 年开始我们就不再接纳外来移民了,但有三个大的项目除外:①日内瓦公约对难民的接纳要求,由难民署、难民法院负责,对不同国家有不同的政策。事实上这方面执行得并不好,申请难民的首先要来到法国,其次要会讲故事,故事未必真实,但要讲得打动人。②家庭团聚。③非法移民待久之后拿到的居留资格,这个是非常不确定的。另外,还有给技术人才的特殊政策。但这种情况不多,与加拿大的移民情况类似。原则上,学生居留不能转为长期居留。这并不是说我们不需要这些人才。这里面是有操作空间的,比如在医学方面,我们计算自己的医学人口经常计算不好,许多医生不喜欢在医院工作,他们更喜欢自己开业当城市医生,在很多公立医院里都是由外国人担任医生,薪水不是很高,很多巴勒斯坦人、越南人、伊朗人在做。(2013 年 9 月 17 日,对一个法国前议员的采访)

由此可见,移民法国的步伐并没有慢下来。移民依旧以各种方式进入法国。移民已经成为法国社会的常态,并不可避免地会带来一系列相关的社会问题。在 2016 年开始到 2017 年初开展的法国大选中,移民问题也成为重要的热门话题。

第二节 移民 "问题"

移民对流入地社会的贡献,常常被许多人忽视,但研究者不应该忽略这一点。美国之所以是世界头号强国，与其是一个移民国家密不可分。因此，美国号称大熔炉，让世界各地的人在美国融合在一起，共铸美国梦。可是，美国新总统特朗普上台后，移民特别是非法移民被当作社会和国家安全的主要危险，美国政府对待移民的态度发生了一百八十度的转变。而由此引发的移民问题争论也日益白热化。法国的情况也是如此。拿法国来说，如果对法国足球有了解的话，人们就会想到法国的足球队中大部分球员是移民或移民的后代，而且大部分是非洲或非洲的马格里布地区移民的后代。可是，事实上，移民之所以引发研究兴趣，一个关键的驱动因素则是移民是作为社会问题出现的。特别是在媒体报道乃至政客的话语中，他们只关注移民带来的社会、文化、经济和政治问题。正如塞尔斯谈到2005年7月7日伦敦交通枢纽爆炸案时所言："该事件进一步加剧了人们对国际迁移和种族多元化的担忧，并促使人们思考这样的问题：英国公民意义何在。"（罗斯马丽·塞尔斯，2011：1）2015年1月7日，新年伊始，巴黎讽刺杂志《查理周刊》遭到两名持枪分子袭击，导致12人死亡，其中包括杂志主编，震惊法国和世界，后来发现凶手是来自中东的移民，他们跟伊拉克和叙利亚的恐怖组织密切相关。这起惨案引发法国乃至欧洲对移民与安全的高度关注和讨论，移民"问题"再次走到世界的前台。但这就能表明移民就是一个"问题"吗？这里用引号来表明对移民问题的看法，即当我们讨论移民问题的时候，不能不关注他们的贡献，不能不考虑到他们是流入地社会的积极因素。与此同时，所谓的"问题"也不等同于学术问题。当我们以学术视角去研究移民的时候，必须对所谓的移民"问题"进行深入的讨论，并挖掘背后的社会含义。比如，移民问题是什么性质的问题，移民问题说明什么，如何看待移民问题，等等。

随着对法国移民现象的深入了解，我们越来越认识到，移民问题在很大程度上是社会建构出来的。那么社会究竟是怎样建构这一问题的呢？移民"问题"五花八门，多种多样。流入地社会对于移民议论最多的是他们的社会融合问题（文化不融合、就业竞争问题、国家和社会安全问题、福利负担问题，等等）。从社会主体上看，社会融合问题涉及移民自身、流入地社会以及两者关系等，由此就衍生出三类不同的问题，即对不同的社会主体有着不同的问题，或者说不同人从不同视角去理解移民"问题"：第一类问题是移民对移民本身来说不是"问题"，但对流入地社会则成为"问题"；第二类是对移民来说是"问题"，但对流入地社会却不是"问题"；第三类则是对两者来说都是"问题"。这里就涉及"问题"的界定和话语权由谁来主导。

从法国的移民历史，我们可以看到，当法国社会经济处于快速发展时期，他们缺乏劳动力，就从国外接纳大量的移民，这个时候，移民不仅不是问题，反而是其急需的人力资源，社会给予正面的评价。"由于西方工业化国家劳工短缺的问题加剧，尤其是二次世界大战后，因此限制人口移入的法律放宽——虽然是在'重商主义模式'下，也就是说'悦纳劳工，甚至积极招聘，但不应久居或携家带眷'。"但当经济处于低迷状态，失业率居高不下，移民就成了社会问题。德国也存在此类情况：20 世纪 60 年代德国重建需要大量劳动力的时候，就从土耳其招募了大批劳动力，把他们作为临时的劳动者看待。但人不仅仅是劳动工具，还需要生活，对生活有各种各样的要求。他们到了德国后发现那里的生活水平远远高于土耳其，于是就留下不走了，成为德国的土耳其移民。这就是我们所说的第一类移民问题。这一类移民问题的界定和话语权掌握在非移民手里，凡是他们觉得移民影响、威胁乃至损害到他们的生活，那么移民就成了社会问题。在大部分时间里，人们所说的移民问题大多属于这类问题。"现在有一股力量认为我们的移民数量越来越多，已经影响到社会的稳定。"（2013 年 9 月 17 日文登教授的话）一般来说，非移民（即流入国居民）从这样几个方面去认定移民"问题"：第一，移民抢走了就业机会，从而损害了非移民的就业机会。在非移民看来，失业率居高不下，都是由移民造成的，移民抢了非移民的饭碗。19世纪80年代，美国出台"排华法案"，其理由很多，比如华人有诸多的恶习和偏见，不可能在生活上美国化，变成美国人，更不可能接受美国建立在基督教基础之上的伦理道德标准，其中一条最主要的理由是华工的大量涌入，造成了同美国工人抢饭碗的紧张态势。当经济不景气的时候，移民往往被视为失业率居高不下的罪魁祸首。事实上是不是如此呢？在过去的十多年里，法国的失业率一直在10%以上。在这种背景下，我们在巴黎观察到的是，许多法国非移民宁可失业而不愿干一些他们不喜欢的工作，而这些工作恰恰是由移民来做。也就是说，移民为非移民从事这样的工作，显然有助于改善他们的生活。但非移民并不这样认为，而是把自己失业归咎到移民身上，认为正是大量移民的到来抢走了他们的工作。事实上，还有一个未被注意到的是，移民的大量到来，有可能为流入国创造更多的就业机会，比如巴黎的温州人在很大程度上复兴了法国中低档的服装和箱包业，为法国创造了新的就业机会。当然，这里的情况会比较复杂，不同移民的受教育水平、从事的职业等不同，在劳动力市场上与移入国的劳动力发生的关系也不同，特别是当经济增长减缓，移入国的失业率上升时，移民会被归咎为导致失业的主要因素。美国总统特朗普就是利用这个所谓的"移民问题"赢得了一部分中低阶层白人的支持。

另一个被建构出来的移民问题是移民影响社会稳定，或者说是社会稳定的祸源。非移民认为，法国社会中犯罪的大多是移民，他们从事抢掠偷杀乃至其他犯罪活动，造成了法国社会秩序混乱，尤其是巴黎的小偷如此多，原因在于大量移民在法国找不到工作，就专门结伙偷窃。事实可能如此，但非移民往往不会去考虑这背后的原因，比如社会排斥问题。一些移民及其后代在法国主流劳动力市场找工作，是非常困难的，几乎找不到，因此，有些人因没有工作，生活陷入困顿，就被迫去偷抢等。《查理周刊》枪杀事件进一步强化了法国人对移民损害安全的负面看法，大大助长了右翼阵营的排外意识和势力。美国特朗普签署"禁穆令"的直接理由是，恐怖分子会混进移民群中危害美国国家安全。事实上，美国的许多研究者都指出，这是一个编织出来的虚假理由，但对部分不了解移民的美国人相当有说服力。由此，这个问题就被炒作成社会问题。法国 2017 年的总统大选，极右派阵营模仿美国特朗普的做法，接着法国前几年巴黎、马赛等地发生的爆炸恐怖案，进一步渲染移民的危害，将移民问题进一步"建构"。欧洲似乎也存在普遍的态势。

第三，歧视移民的生活方式。穆斯林女学生戴头巾（Headcarf）上学，在学校被校长强行摘下，引起轩然大波，成为重大的移民问题。富有的穆斯林男子可以娶多个妻子，当然不符合法国法律，也不为法国人所接受，因此也会惹来社会非议。戴头巾和一夫多妻制是穆斯林文化所允许的，但与法国文化相冲突。中餐一度被视为不卫生，甚至有法国媒体说中国人什么都吃，从而引发部分法国动物保护主义者的愤怒和指责。2003 年中国发生 SARS（即非典）疫情，也强化了法国人对中餐食品不卫生的看法，进而影响到中餐生意。于是便有不少原来从事中餐生意的中国人转向经营日本料理，以至于当前法国（乃至欧洲）不少日本料理店实际上是中国人开办的。

　　也有人对中国看法不好，比如会说中国人吃狗肉，会讽刺，而且随着中国在慢慢强大，对这里的中国人有好的影响也有坏的影响。比如有人说中国衣服店里的服装质量不好，曾经有一对母女在中国衣服店里买衣服的时候看到一件很不错的衣服，标价 100 欧元，母亲就说："中国货还要 100 欧元，太贵了！"这是偏见。法国人认为中国货，比如衣服、食品都不好。媒体和记者也持这样的看法，说中国卖假货，电视里都会播放中国的假烟、假

药事件，还会说中国用童工，不民主、专制，等等。对中国的负
面看法很多。（2013 年 9 月 21 日，对一位年轻的中国移民的访
谈）

有的是习俗不同，有的是不了解或者误解造成的。更大的问题是
非移民会从个别移民的个别行为问题上产生联想，以偏概全、以点带
面，连带地认为个别移民所属的群体都是有问题的，比如个别中国人
在法国制造假文件销售，就会被法国社会（特别是一些媒体）认为中
国移民都会作假。但不管怎样，由此引发的非移民的歧视经常以各种
方式呈现出来，演变为移民"问题"。

第四，移民被认为是法国社会福利的负担。这也是不少政客们在
竞选中不断渲染的议题。非移民抱怨不少非洲和阿拉伯移民整天游手
好闲，不找工作，靠着社会福利过日子，尽管他们中的不少人被排斥
在主流劳动力市场之外。当然，有法国人赞许中国移民埋头工作，同
时也会抱怨说，中国移民那么快致富，会不会偷税漏税呢？

去年（即 2012 年）有个杂志，出了篇文章说中国人在法国
很奇怪的成功方式：偷税、黑工、黑社会、偷渡、妓女，等等。
（2013 年 9 月 21 日对一位年轻中国移民的访谈）

非移民还反对中国移民周六、周日工作，认为这样做会破坏法国
的生活秩序、生活质量和价值。在许多法国人看来，工作是为了更好
地生活，而不应把工作视为目的，如果每天都工作，一天工作十多个
小时，在他们看来是不可接受的，会破坏他们的生活福利和质量。
2013 年法国的温州人团体联名向法国总统递交了允许周日经营的信，
2014 年终于获得法国政府的正面回应，有可能会改变法国禁止周日营
业的规定。当然，并不是所有在非移民看来的问题都是强加给移民

的，确实也有一些移民对社会福利有觊觎行为，比如有的移民靠隐瞒自己的收入去享受法国的廉租房福利，有的移民偷偷打工却申领失业金，等等。但这种所谓社会福利"骗取"仅仅是少数移民的做法，并不能由此上升为所有移民都如此。与此同时，移民在经济上处于弱势，因此整体上他们可能享受更多的社会福利，但他们也是为法国发展做出贡献的，并不是一味地在享受福利。

第五，移民数量增多以及集中居住，形成一个外部人"难以进入"的社区或者聚居区或者群落。在巴黎，我们看到，在一些郊区，到处是中东和非洲移民居住的区域，那里很少有所谓土著的法国人，以至于一些区成为阿拉伯人聚居区或者非洲人聚居区。中国移民也有自己的聚居区域。有法国人说，以前中国移民很少，没有想到最近几年到处是中国人，仿佛巴黎都将被中国人"占领"。虽然这一说法有点幽默，但是法国人确实感受到了最近十多年中国移民的快速增加给他们带来的压力。随着移民人数的增加，白人的比例在下降，欧洲一些种族意识强烈的人产生了种族危机感。

虽然法国是一个移民国家，其政府非常希望移民能融入法国，按法国移民局官员的话说，他们非常欢迎移民加入法国籍。但是，移民毕竟是外来者，除了人数不断增加外，不同文化的沟通和理解不是那么容易的，特别对非移民者来说，他们觉得移民确实是很大的社会问题。而对移民来说，虽然绝大多数移民都是通过各种办法，千方百计来到法国，可是当他们来到法国以后则发现现实并不是他们当初所想象的，更重要的是他们在经济、社会、文化等方面都碰到不少问题。因此，出现移民自己建构的"移民问题"。那么，移民自身觉得的那些移民"问题"又是什么呢？

移民在不同阶段、不同国家碰到的问题，都有可能是不同的。不管怎样，凡是移民，不可能不碰到一些问题。移民自己感觉的问题，一方面来自外部社会的设限、挤压和排斥，另一方面也会来自自身与外部社会的不适应。这两方面的问题迄今都还没有解决，只是表现形式有了变化。在历史上，一些国家对移民表现出直接的排外和歧视。中国移民在美国、加拿大、澳大利亚等国家的遭遇就是很典型的案例。1882年5月6日，美国专门颁发了《排华法案》（全名是《关于执行有关华人条约诸规定的法律》），规定在十年内禁止那些被雇用为矿工的华人劳工进入美国，否则将遭到监禁或者驱逐。许多华人仅仅因为他们的种族而遭到残酷殴打。这是美国第一部针对特定族群的歧视性法案。澳大利亚于19世纪末到20世纪初，先后出现三次排华运动，曾规定收取华人入境人头税。1923年加拿大通过排华法案，禁止中国人移民加拿大，使许多已经在加拿大的华人承受与在中国的家人分离的痛苦。虽然这些歧视、排外行动发生在100多年前，而今像美国和加拿大等国家已经为此表达了正式的道歉甚至给予了赔偿，但是，正如上面所提到的，驻在国都会拿移民说事，甚至把他们当作替罪羊，为移民的社会融入制造各种障碍。

在移居过程中，移民首先碰到的是身份获得问题。迄今为止，世界上还没有一个国家是不对移民设限的，而且在过去的几十年中，移民的门槛不但没有降低，反而在不断抬高，尤其对劳工移民的限制就更严厉了。法国从1975年开始实施零移民政策，但依然阻挡不了新移民以各种方式进入法国，有不少移民以家庭团聚或难民身份获得法国的永久居留权。最近法国政府采取的新的移民融合政策，要求凡是申请法国居留权或入籍的人必须参加融合培训和考试，其中对语言和文化有严格的考试。"从2003年开始，就开始签署接受和融入合同，现在已经签了90万份合同，并且是在中央政府和外国人签订合同。其中对移民给予一定量的机会，同时也规定他们所应负有的义务。有一个专门的接待平台，他们会看一个关于法国生活的电影，并进行一个健康预防体检，如果小孩过来时没打疫苗，我们会给他开接种的处方。有一个面谈，一对一，询问你有哪些问题，还会向你说明需要学习多少法语。会告诉移民他们的义务。这一天叫作公民培训日,同时跟面谈者相见时,会告知某一天的约会,参加一天的公民培训,其间国家提供食物,所有费用由国家承担,介绍法国和欧盟机构,讲一些法国历史,特别是法兰西共和国的价值观,自由、平等、博爱、法国式民主以及世俗性。我们对男女平等着重强调,特别反对歧视。还有一天的活动是补充性的,叫作生活在法国的信息会,在这里边可以讨论生活在法国的实用信息,工作、小孩上学、巴黎坐地铁。国家免费的法语学习,政府给予最多400个小时免费的法语学习。18~55岁邀请去参加职业介绍会,如果有住房、遭遇暴力等问题,可以找社会工作者;如果带着小孩,通过家庭团聚来到法国的话,就会有一天的活动,需要签署家庭接待与融入合同,父母双方都要签字,这是父母双方的权利与义务。"这些规定似乎非常合情合理,似乎是在为移民考虑,让移民签署合同,向移民提供了解法国文化、历史以及政策的机会,鼓励他们学习法语等,显得相当人性。但是,这些规定对于不少文化水平低的移民来说是很高的门槛,他们真的没有能力从中获得好处,甚至也没有时间参与这样的活动。这部分人在移民中的比例相当大。这么多移民获得不了签署合同的机会,难以获得合法化,只能处于更加艰难的生活境遇。而这些移民所遇到的重大问题,反过来也会演化为法国社会的问题。

文化水平低、语言学习能力弱,确实是影响不少移民融入法国社会的一大重要障碍。在巴黎的一个郊区,那里集中居住着来自中东和北非的许多移民,那里一个跨族群的组织联盟向当地政府提出要为这些移民编制不同语言的社会融入手册,以帮助他们在法国更好地生活、工作。该组织联盟是由阿拉伯人组织、北非人组织、阿尔及利亚人组织等组成的一个联盟,每个月各组织的负责人开一次会,讨论如何帮助移民中的弱势人群。据该联盟负责人介绍,当地有不少新到的移民,他们或者不懂法语,或者懂法语但不了解法国,他们大多没有工作，或者说他们根本找不到工作，在他们中女性和孩子占多数，他们很需要社会和政府向他们提供各种帮助。该联盟每月开一次会，讨论一些对策，向政府提供建议。由此我们可以看出，移民在初始阶段碰到的困难是相当多的。我们在调查一些温州人的时候经常听到他们刚进入法国所面临的问题：首先是身份不合法问题，他们只能畏缩在狭小的房间里，整天不见太阳；然后是打黑工，工资低，工作时间长，工作条件差。当他们好不容易获得居留证，他们面临的是语言问题以及对法国法律、政策的不了解，由此带来的各种麻烦不断。比如他们碰上打官司的事，自己不会说法语，只能借助翻译，在这个过程中，自己的意思不能很好地得到表达，就会给案件的审理带来对自己不利的影响。由于语言障碍，许多移民家长不敢去学校开家长会，害怕老师打电话找他们，有的人一听老师打来的电话，马上就把电话挂了，因为心里害怕，接电话时担心听不懂也不会说。这给老师造成很坏的印象，不利于孩子在学校的教育。移民在生活和工作中碰到的相似或相关问题不胜枚举，构筑了他们在已入国的生活场景。

不论是对流入地社会还是对移民自身来说，与移民有关的社会问题确实不少。这些问题中，有的是由于移民与非移民相互不适应带来的，比如生活方式、宗教信仰、工作方式等。而这些不适应使得双方相互有抱怨、争执，甚至有冲突。还有的是一方对另一方的不理解甚至误解，出现污名化现象，这尤其体现在非移民对移民的污名化上，甚至出现非移民把自己乃至社会存在的问题归咎于移民，让移民成为替罪羊。在这方面，一些媒体和一些政客起到推波助澜的作用，甚至有一些议题就是他们挑起来的。还有一些问题则是与移民自身能力直接相关，这些移民自己在流出国就没有受过很多的教育，社会地位比较低，并且生活在经济条件很差的环境中，到了流入地社会，他们更不能有效地获得生存和发展的能力。因此，法国移民的失业问题比非移民更严重：

2011 年，失业率在 10% 弱一点，第三国人的失业率略高于 20%。第三国妇女失业率达到 30%。为什么存在差距？有一些结构性的因素：一是外国人口更加年轻，学历更低，这两个因素无助于就业。还可能存在一些更加微妙的因素，比如文化的，但我们现在还不清楚这些因素来自哪里。在法国长期居住的人口比刚到法国的人口境况好些，居住时间越长，情况会慢慢变好。妇女比男性多，有 54% 都是妇女，很年轻，基本都有小孩。在法国找工作与英国、中国都是不同的，在法国工作情况与其他国家不同，这种差异阻碍了妇女在就业市场上寻找工作岗位。在法国，外国人不一定受到承认，找工作经常要通过互联网或者报纸，而且有可能还要靠个人关系。一方面法国社会权利很多，另一方面在法国工作很难。在法国，外国人可以在政府的就业局注册，部分弥补外国人就业上的差距，也可以免费获得职业培训，但外国人都不注册。在就业局注册的最大好处，是能够使自己获得职业认证。比如国外的修理工，在法国通过这个方法就能获得承认。（法国内政部移民与社会融入局，2013 年 9 月 23 日调查）

与失业相关或相伴随的社会问题就接踵而至。我们在上面多次提到移民的失业问题，由于他们存在过高的失业率，从而使他们的生活境遇更加恶化，并阻碍了他们与非移民生活和居住在一起，由此也导致他们处于底层的生态条件难以改变。

在上面讨论移民"问题"的时候，我们已经涉及中国移民（主要是温州人）在法国所碰到的"问题"。当然，温州人在有一些方面可能碰到的是与其他移民相似的问题。这里所讨论的是普遍的移民"问题"，但不同移民也会有一些自己独特的"问题"。不管怎么说，这些"问题"都是在移民实践中建构出来的。作为移民，面对这些问题，他们并不是束手就擒、毫无办法的，而是会寻找他们的应对策略和机制：在个体层面和群体层面究竟是如何应对，在心理与行动层面又是如何表现，在经济、政治、社会和文化层面是如何表现，等等。本书更看重他们作为一个群体的应对策略和机制以及在过去的变化，而个体作为群体的成员，或者受到群体的影响，或者引领群体去应对。在对巴黎的温州人过去 20 多年的跟踪调查和研究中，我们发现，他们在经济、社会、文化和政策空间建构上出现很有意思的变化和发展，这就激发了我们从社会空间理论视角去理解和分析巴黎温州人在社会融合上的活动和实践，以探讨个体、群体、组织、社会之间的关系以及运行机制，在理论和经验上更好地认识移民现象乃至社会运行规律。也可以说，这将是空间社会学在移民研究中应用的一次尝试。

第二章

"做"市场和附着型成长

移民能摆脱他们的"问题"困境吗？如果能，他们又是怎样摆脱的呢？如果不能，又会是怎样的状况？环顾世界各国的移民，我们还没有获得乐观的看法。虽然美国前总统奥巴马是黑人，但并不意味着美国的黑人已经摆脱了"问题"困境，比如在美国的穷人中，黑人还是占多数。"由于美国黑人家庭不成比例地集中在贫困阶层，而这种状况对家庭有着强烈的影响，因此，比起白人家庭，黑人家庭更有可能是由女性充当户主。"（威尔逊，2007：91）我们将视角转向欧洲特别是法国，移民的"问题"也一直存在。而作为同样是移民的温州人面对困境是否"束手就擒"呢？他们如何在困境中寻求突围呢？他们以什么样方式获得怎样的突围呢？

移民的"问题"困境是多样的，可以归类为经济困境、社会包容困境、文化理解和接纳困境、政治参与困境。温州人之所以移民法国巴黎，追根溯源，还是因为他们中的绝大多数出于赚钱需要，目的是改善他们的生活条件。在这方面，他们有着特别强劲的动力。因此，如果说他们心目中有什么"问题"困境，那首先还是经济困境，其他困境只是围绕这个困境而生的。如果经济上没有困境，那么其他困境就不再是真正的或者很严重的困境了。当然，几乎所有移民也都碰到这个困境，这是一个普遍性困境，也是合乎实情的。人们都说温州人很精明，擅长做生意。问题不是精明不精明，而是温州人到处流动，他们遍布世界各地，凡是有人的地方就有温州人，凡是有人做生意的地方，就有温州人在那里做生意。笔者经常碰到这样的事情：当许多非温州人知道我是温州人的时候，第一个反应就是说"你为什么不去做生意啊"。在他们看来，笔者作为温州人，似乎天生就是为了做生意的。不过话说回来，温州人千辛万苦跑到巴黎，其主要目的就是赚钱，而不是去享受巴黎的浪漫生活和精彩的艺术，更不是去追求什么"平等、自由和博爱"。钱、经济是他们的优先目标。那么他们又是怎样赚钱、怎样搞经济的呢？虽然笔者在以前出版的《巴黎的温州人》一书中曾详细介绍过，但是距最早那次调查已经过去了18年，温州人在经济上又是如何变化、突围的呢？这显然是本书的重点。

第一节　　"做"市场的由来

　　读者也许想知道，一群不懂法语、没有特殊技能的温州人来到巴黎这个陌生之地，又是如何在经济上立住脚跟生存下去的呢？对此，笔者的上一本书曾作了一定的描述，这里还是有必要再简单地重复一下。费孝通先生曾用"小商品，大市场"刻画"温州模式"。温州模式的一个重要特点是"市场"，或者说温州人是靠开拓或者做"市场"杀出"一条血路"，冲出"困境"的。这市场有有形与无形之分，而大多数温州人最初靠的是建构传统的有形市场，比如国内许多城市都有"温州商贸城"，同样，温州人把市场做到了国外，比如莫斯科、罗马尼亚、迪拜、巴黎、纽约等。随着网络的发明、发展和推广应用，温州人也渐渐地转向无形市场，或者说将有形与无形结合起来。既然温州人靠做市场起家,那么在他们的生活和社会世界中市场的位置和作用是不言而喻的,是他们生存和发展的根基。由此,这里就是按照温州人的生活实践逻辑开展叙述和分析的。

"做市场"的关键在于"做"。也就是说,温州人能在一个没有市场的地方做出一个市场来,带动产业发展,出现"做"市场与"做"产业相互联动的效应。比如,东北生产人参,温州并不生产人参,但温州人硬是把东北的人参运到温州,形成了一个人参批发市场,然后又对人参进行加工,做成人参产业。同样,温州原来并不生产纽扣,但是,温州人硬是在温州永嘉县桥头镇建成了东方纽扣市场。依托市场,他们又办起了纽扣生产企业,形成纽扣生产、销售产业。义乌原来也不生产小商品,但是在温州人的带动下,义乌却成为中国(乃至世界)最大的小商品市场,由此带动义乌及周围县市的小商品生产、加工产业。以"做"市场带动产业发展,成了温州人在改革开放后走向全国和世界的一个看家本领。法国巴黎也见证了他们"做市场"带动产业发展的能耐。时至今日,温州人在这条路上也历经各种艰险,遭遇过各种挫折乃至失败之痛。曾记得,在俄罗斯首都莫斯科,温州人因俄罗斯打击所谓"灰色清关",蒙受巨大损失,他们开办的市场被关闭;就在先后差不多的时间,罗马尼亚拆除了温州人兴建的商品市场等。在国内,温州人也连遭山西煤炭企业整顿之伤、房地产调控之痛。而今温州人的"市场"又遭遇到淘宝网等网络市场(电商)的挑战。那么温州人又是怎样去面对如此多的挑战呢?特别是在国外陌生的环境中,温州人是如何建构自己的市场和产业,以怎样的方式建构自己的生存和发展空间呢?温州人在巴黎"做"市场和产业的经历,足以彰显他们的一些行为和生活逻辑,为我们找到一些相关的答案。

温州人"做"市场,并不是完全"无中生有"的,而是附着在当地社会之上的。本书称之为"附着型成长"。这种成长不同于寄生型成长。而所谓附着型，是指他们依托于当地社会的一些条件而建立自己独立的"市场"。而寄生性成长则是指依靠当地社会资源而缺乏自己的独立性和进取性的寄生性做法。巴黎的温州人就是利用当地的社会经济和政策条件而开辟出自己的经济活动空间——市场与产业。

在 20 世纪二三十年代到六七十年代，巴黎的温州人最多的时候也只有一千来人，或为法国工矿企业当劳工，或只开一间很小的中餐馆，在整个法国社会中是可以被忽略不计的。可是，谁也没有想到，后来巴黎到处都是温州人的影子，不仅有很多中餐馆是温州人办的，而且温州人还占据了许多街区，开办了箱包店、服装店、首饰店、杂货店，买下了许多咖啡店、面包店，甚至还兴办了巨大的商贸城。温州人至少在巴黎已经成为一个不能忽视的社会群体。于是人们不禁会问：温州人凭什么在这么短的时间内，在一个陌生的社会有这么大的影响呢？虽然笔者曾在《巴黎的温州人》一书中对此有过讨论和展示，但在该书面世以后，温州人在巴黎有了更明显的变化，彰显了他们通过"做"市场和做产业而附着型成长的历程。

巴黎温州人之所以能"做"市场，以市场带动产业发展，形成附着型成长态势，还是与其移民的特性有关。斯蒂芬·卡斯尔斯指出，国际上把移民划分为不同种类，体现了移民的不同社会意义：临时性劳力移民、高技能和经营移民、非正规移民、难民、寻求避难者、被迫移民、家庭团聚移民、归国移民等（斯蒂芬·卡斯尔斯，2001）。虽然这种分类存在逻辑重叠问题，但是与生活实际比较符合。在这个分类框架中，巴黎的温州人最初大多属于家庭团聚移民、非正规移民和经营移民等，他们移民的主要目的是赚钱和长期移居。这决定了经济在他们的移民生涯中占有绝对的地位。有研究表明，除了难民、寻求避难者之外，进入国际移民的不是最不发达国家的最贫困人口，而是中等收入水平国家的中下阶层成员："如多项经验性研究证明的，国际移民劳工是来自中等发展水平国家的较低或中等收入的阶层，而不是来自最不发达国家的社会下层。"（劳尔·乌尔苏亚，2001）温州移民也是如此，他们在国内并不是活不下去的社会底层，而是有一定经济基础并有过一定的经济活动经历和经验的那些人。在这个背景下，他们之所以作出移民的选择，还是出于更强的经济动机，即希望赚取更多的收入。对他们进行深入调查，就会有一些有意思的发现，可以用来刻画他们的移民行为：一是他们不满足于赚钱生存，而且还非常重视发财致富，特别是聚财，他们对财富特别看重。二是他们缺乏在法国主流社会中获得一席之地的能力和条件，但是可以附着在法国社会，吸取营养，并逐渐壮大自己，即"附着型"成长模式。三是在这种附着型成长中，一些精英起到巨大的示范效应，他们不但总有一些新的想法和创新，而且还敢于去落实、创业和冒险。由此可见，一个群体是否有竞争力，关键取决于这个群体中是否存在一些超前、有勇有谋的精英。

第二节 "做"市场的过程

"做"市场，实际上就是在建构自己的经济空间，在这个空间中，他们一方面通过服务社会需求而求得生存和发展之基础，另一方面确保相对的自主性，提升自身竞争力，从而就有更多的机会去寻求和调整自己的生存和发展方向。"做"市场，就是经济空间的建构。这是一个过程，并不是停滞不前的状态，可以很好地解释温州人在巴黎的经济生存形态和发展状况。既然"做"市场是一个动态的过程，那么，这个过程在过去近20年里又是怎样开展的呢？我们在调查中发现，这个过程至少经历了三个阶段：附着经济、街区经济到商城经济，依次展开。

一 屏蔽与附着

正如上文所指出的，附着与寄生是有差别的，虽然它们都要以一定的东西为基础，但是，附着并不是被动的、消极的，不会像寄生那样完全依赖于被依托者。巴黎温州人实际上不是寄生于法国社会，而是附着在法国社会，逐渐吸取和获得营养，然后变成可以去参与法国发展、竞争的一群移民。其中"做"市场就是温州人得以摆脱寄生性而得以转为附着型成长的关键过程和机制。温州人之所以附着于法国社会，原因在于他们一开始并没有能力马上融入法国社会，变成其不可分离的一部分，也不可能获得独立的社会经济地位，而先是被屏蔽在法国社会结构之外，有不少人生活在地下的非正式状态。

早在19世纪末20世纪初，温州人就开始北上上海，南下南洋，"跑码头、找市场"。就是在这个时候，有一些温州人来到了法国的马赛和巴黎，后来又有一些温州人被北洋政府派遣到法国，作为第一次世界大战的战场劳工，声援法国军队，战后就留在法国打工赚钱。温州人在巴黎的群体行动序幕由此拉开（王春光，2001年）。但是，在整个20世纪上半叶，巴黎的温州人数量也是很少的，到1979年前后，只有几千人，这在法国的社会中基本上可以说是属于忽略不计的数量，不成规模，更没有自己主导的市场，从事的经济活动也非常边缘、细小。据考察，第一次世界大战后留在法国的温州人大多是给巴黎周围的煤矿或铁矿打工，做一些苦力活。后来，他们才慢慢开办了一些很小的中餐馆，从规模和档次上还不如中国的香港人、东南亚华人（他们主要来自广东潮汕和福建）开的餐馆。到了20世纪七八十年代，一些温州人兴办了一些生产作坊，主要为犹太人代工生产产品（主要生产皮包、服装等产品），还没有达到自己生产、自己销售以及有自主品牌的水平。这个时期，温州人在经济上处于附着地位，他们为他人打工，给其他族群加工，内部没有形成一个相对独立、有相当规模的市场和产业体系，被屏蔽在市场之外。

他们之所以处于附着和被市场屏蔽的状态，是因为他们没有受过良好教育，不懂法语，缺乏竞争力，一开始不可能就开拓出自己的市场而在法国社会获得较好的社会经济地位，更进不了法国主流社会。但是，有三点为他们提供了立足之地。一是他们能吃苦耐劳，愿意干并且能干苦力活，所以，他们得以在一些法国人开办的矿山打工，据说工作条件非常艰苦。二是他们都是单身男性，由于经历了世界大战，法国男人大量战死，男女比例严重失衡，由此，早期去到法国的温州人中有不少人娶到法国女性为妻，从而在法国社会有了合法的身份。这些法国女性都是底层劳工，甚至是失业者，她们的经济状况很不好，也无法给温州人在经济上提供后盾。在与早期的温州移民的访谈中我们知道，那些娶了法国女性为妻的温州人在生意上并没有什么明显的改观，与他们结婚的不少法国女性不愿意自己当老板，即使她们的丈夫开了餐馆，她们也不去帮忙。这就是这些早期的温州移民所抱怨的。笔者1998年第一次去巴黎调研的时候，有一个当时已经85岁的温州移民对笔者说："过一两年，我要回中国去，把自己的钱带回中国，不愿交给我的法国老婆，自己死后也埋在中国，不愿与法国老婆葬在一起。"后来他确实死在温州老家，埋在那里。当然这个案例是比较极端的，并不能代表所有早期温州移民的状况，但不可否认的是，由于温州人与法国人有着不同的生活方式和价值理念，他们之间在经济生活上有着不同的态度和做法，是普遍的现象。三是温州人勤俭爱攒钱，他们打工赚了一些钱，就会想办法开个中餐馆。虽然20世纪80年代前温州人办的中餐馆既不多，也不大，但是为后来的温州移民提供了一些生存条件和空间，70年代末或80年代初，一些温州人是由他们先前在巴黎或法国的父母或亲戚、朋友以劳工签证的名义来到法国的，当时法国的移民政策要求申请者必须是在法国当老板的。

由此可以看出，在 20 世纪 80 年代以前，在法国的温州移民生活在法国社会的边缘地带，这一方面是由于他们人数少，另一方面更重要的是他们在法国社会没有"做"市场，或者说没有做市场的能力，经济空间乃至社会空间都比较小，缺乏强有力的竞争能力，缺乏必要的文化条件，因此难以进入法国主流社会，基本上是被屏蔽在法国社会结构的主体部分之外的。但是，由于他们人数少，不显眼，更重要的是法国社会对他们还有一定的需要，使得他们可以在那里生存下去，附着在法国社会。社会屏蔽反过来使得温州人转向自己内部的努力和发展，这一直是巴黎温州人生存、发展的一条重要的行为逻辑，从而使他们有可能从原来的附着转变为壮大市场和产业的动力，使温州人在巴黎的社会空间不断地得到拓展，这明显地体现在街区经济和商城经济的发展上。

二 突围与街区经济

先来看两个例子，感受一下巴黎温州人的移民和创业经历，才会更具象地感知他们如何突破瓶颈，以及确立他们的经济地位的路径和机制。

裘花 1977 年考上浙江师范大学中文系，是中国恢复高考后考上大学的第一届女大学生，在当时的中国可是了不得的人物，天之骄子，令人羡慕不已。但是，她在大学读了两年半左右，就决定放弃大学生身份，嫁给已经移民法国的男朋友。她的男朋友经其伯父以过继的名义，比她早三年移民法国。她答应男朋友，只要能为她办好移民手续，就愿意放弃国内的一切移民法国。在当时能移民法国，都不是一般的人，而且都会把移民理想化。但是，到了法国，她发现现实与想象的差别太大了，而她在国内的所谓大学生身份基本上没有任何价值和作用：

1979 年来到法国南特市，刚开始还是有很大失落感的。到了南特，发现我们什么都没有，住得很差，而在国内我是天之骄子，国家的栋梁。但是，我并没有哭，既然做出了这样的选择，就勇敢地向前走，去做工。到了法国，不管你是大学生、硕士生还是博士生，都没有用，都要从头做起，能赚到钱，就成功，赚不到钱，那就要受苦。我们这一代基本上是靠自己奋斗出来的。虽然我老公是通过过继给他伯父而申请到法国的，但是他伯父跟一个法国女人结婚，经营一个小店，也没有多少钱，他既不能给我们资本，也不能给我们经验，更没有给我们提供住房，现在我们做的事情都是伯父一代所没有做过的。(2011 年 5 月 26 日对裴花的访谈)

与裴花夫妻一样，陆进也是 80 年代初的中国大学生，还差半年就要毕业了，他却选择移民法国。到法国后，他同样发现，一切与他想象的有很大差距，一切都得靠自己去努力突围。

我是在农村长大，我家住在塘河边上，轮船过来要打笛的，防止碰撞。我是温州仙岩疏风人，现在那里的环境破坏很大，小时候的大榕树都没有了。我的主要亲戚都住在陈岙，小时候在家和陈岙长大。那时看到汽车就非常兴奋。为什么讲这个事情，当时到法国来就是想当一个汽车司机，当时只有在部队经过训练才能回来当个司机，私家车就更不用讲了，根本不存在。那时候，听说法国人都有私家车，每个人都可以自己开车，我觉得那多牛啊，决定去法国算了。我 1964 年生，18 岁到法国，念过温州师专，差半年就毕业。到法国，一下飞机感觉到理想和现实太远了，当一个司机的理想也没有了。刚来法国，在亲戚工厂工作，非常辛苦。我 1982 年来法国的。当时，因为我的亲戚在法国，

> 我是移民过来的。当时，我的舅舅认我为儿子，我和舅舅一家一
> 起移民到法国的。我很幸运，我来法国不存在居留问题，一路是
> 比较顺的。不像其他通过旅游偷渡过来的人，很多人被困扰了 10
> 年。每个人的经历不同，我逃过了几年艰辛的日子。（2013 年 9
> 月 26 日对陆进的访谈）

陆进虽然在法国还算比较顺，但他也是靠自己一步一步地走到现在，先是在亲戚工厂做工，然后自己出去创业。虽然亲戚会从经济上给他支持，但主要还是靠自己的不断努力而有了比较好的经济业绩。

在巴黎的温州人中，以上两位并不是很有代表性，不论在受教育水平还是他们目前的经营水平，都属于上层，特别是他们在出国前都是国内的大学生，是时代的骄子和宠儿，而大多数巴黎温州人在中国国内都没有受过很高的教育，更不是大学毕业生。但是，这两位来到法国后，与其他温州人没有差别的一点是，他们也不懂法语，对法国也不是很了解，不能马上进入法国主流社会，也只能在法国社会的边缘地带和自己的族群内寻找机会。正是在这样的结构屏蔽下，他们要么逆向而上，渐渐地找到自己的生存空间，并慢慢做大长壮，要么就更加边缘化、底层化。前者是突围，后者就是被抛离。巴黎的温州人绝大部分选择的是突围，而不甘于被抛离。对他们来说，"经济突围"有两层含义：一是在个体层面从打工者变成老板；二是在群体层面从分散经济变成集聚经济，即"聚居区族裔经济"（enclave economy）。在波特斯（Alejandro Ports）看来，聚居区族裔经济包含着结构和文化双重含义，需要满足五个条件：族裔群体内有相当大比例的雇主；服务对象不限于自己，面向主流社会；经济活动多元化；以族裔性和族裔文化价值作为调节经济关系的依据；需要特定的区域（周敏，2013）。巴黎温州人在经济上确实已经做到了这些：他们中许多人从打工者变成了老板、雇主；他们从餐馆业这样的单一经济活动发展到

加工业、贸易、金融等多元活动，从仅仅为犹太人代工到自己开始创品牌，从分散向集聚转变，形成了自己的特定区域，他们更依赖自己的文化价值来调节经济活动，他们的市场不限于内部，主要面向法国主流社会乃至欧洲、非洲各地，由此实现"经济突围"，建构出以温州人为主体的聚居区族裔经济，主要表现为街区经济和商城经济两种方式。

绝大多数温州人移民是从 20 世纪 70 年代末中国改革开放后以各种方式进入法国的（当然现在已经有越来越多的年轻人在法国出生和成长起来）。那时候刚刚开放，人们对外部世界并不了解，但总觉得国外的月亮比国内圆、比国内亮，人们向往着出国。同样，在温州地区，出现一股出国移民热。由于温州地区在历史上就有向海外移民的传统，有不少人在海外有亲戚朋友关系，因此，温州的出国热就有社会基础，也不断有人得以出国。笔者高中班里就有两位同学在上学期间就移民到美国，其他同学对他们能移民国外尤其是美国，甚是羡慕。在这股移民国外的热潮中，有去美国的，但更多的是涌向欧洲，其中向法国、意大利、西班牙、葡萄牙、荷兰等欧洲国家移民的人数越来越多。因此，进入 80 年代，巴黎的温州人数量呈井喷式增长。随着越来越多的温州人进入巴黎，他们才有了以群体实现经济突围的人口基础。

也就是从 20 世纪 80 年代开始，巴黎温州人朝着创建聚居区族裔经济方向发展。许多在 80 年代初来到法国的温州人，是通过家庭团聚等合法方式进入的，他们先在亲戚开办的小餐馆或者小加工工厂打工（包括打黑工），等有了合法身份，就自己去开店创业。他们最先进入的是餐饮业、服装和箱包加工销售业。那时候，来自中国香港和东南亚的华侨华人在巴黎的中餐馆中占据了绝对的优势，温州人大多开一些小的中餐馆，做一些外卖生意，但很快就有一些大一点的餐馆出现。能办餐馆，说明已经积累了一定的经济实力，赚了不少钱，因此当时的餐馆老板在华侨华人中是有很高地位的。随着越来越多的温州人进入巴黎，越来越多的温州人兴办中餐馆，使得其他一些温州人看到了与之相关的商机，如开办杂货店、超市等。另一个趋势就是温州人在那个时候进入服装、箱包加工和销售领域，之前这个领域基本上被犹太人垄断。温州人最初是为犹太人代工服装和箱包。

> 犹太人太聪明了，他们都外包了，他们请师傅把图画好，把布裁好，拿给中国人和土耳其人干，他们经常今天晚上把材料拿给你明天早上就让你交货。我们经常夜里加班，那个年代货一裁下来就是钱，那个时候犹太人真的是在淘金。当然，我也挣了钱，但是那种起早摸黑的工作不是长久之计，我就开始转型。加工衣服，有的在自己工厂里做，有的送给住家做。当时，温州人过来很苦的，都住在七八层的阁楼里。（2013 年 9 月 28 日对陆进的访谈）

当越来越多的业务外包给温州人之后，犹太人渐渐退出服装、箱包加工领域，专注于销售和设计等高端、高附加值、高利润的经济活动。而服装、箱包生产带动辅料以及首饰等行业的发展。在代工过程中，温州人渐渐地掌握了技术、市场和其他经商经验，于是他们就不愿意只从事代工。因为代工赚钱并不多，于是他们转向自产自销，加入与犹太人竞争的行列。他们很快在犹太人占多数的巴黎 3 区庙街一带立住脚，甚至迫使犹太人放弃中低档的服装和箱包生产销售业务。由此流传着这样一个美好的说法："温州人'打败'了犹太人"。实际上是犹太人觉得那些中低档的服装和箱包利润不高，在竞拼时间和精力上不合算，于是选择主动退出，而不是被温州人"打败"（王春光，2001 年）。当然犹太人的退出，对温州人来说意义非凡：原本 3 区庙街一带都是犹太人开办的商店和加工厂，后来渐渐被温州人所收购、占据，温州人由此就有了自己的地域空间，形成了温州人的街区经济或者说聚居区族裔经济，这样一个经济给更多温州人的加入提供了更大空间。

20世纪80年代和90年代，凡是初到法国的温州人，基本上都得在自己人办的中餐馆、服装加工厂、箱包加工厂、服装店、辅料店等打工，甚至大多是打黑工。1998年笔者第一次去法国开展田野调研的时候，笔者搭铺的那家就在3区的一家箱包加工厂打工，当时他们还没有拿到居留证，在这家加工厂打工的还有另外一对夫妇，他们刚刚拿到居留证，他们的不少亲戚朋友中有的拿到居留证，有的没有拿到，拿到居留证的就谋划着开店办厂，没有拿到的就在其他温州人那里打黑工。最近几年访谈的一些温州人也都是20世纪80年代或90年代进入法国，也都经历了这个过程。

> 我刚来时就在皮工厂车皮包，干了一年，受不了。当时，来的时候是在姑姑的工厂里工作。因为我舅舅移民的手续等都是姑父帮忙办的，他对这边的情况比较熟悉。在姑姑的工厂里待了一段时间，觉得不行，因为我在学校待过，当时对那种环境还是比较反对的。后来，我向姑妈申请，说我到你餐馆做服务生，我不在工厂里干了。后来，到餐馆当服务生干了一年。由于南特的华人太少，我法语不好，对法国人的生活习惯没有认同感，所以我决定到巴黎接触华人社会，就到巴黎。到巴黎，又住到舅舅家。到巴黎后，先到餐馆做服务生。当时，我舅舅也开皮工厂。(2013年9月28日对陆进的访谈)

晓尚也是如此，开始在温州老乡那里做过皮衣、箱包，也做过厨师，"三把刀"都会使，后来自己当老板。裘花夫妻一开始就办了一家小的皮包加工厂，后来跑到巴黎3区开店。温州人在3区一带集聚后，形成了自己的经济形态：有自己的产业链，从辅料到加工，再到销售，后来又有设计等；从群体内部的阶层看，有老板、店员、工人、厨师、服务员等，既有等级，又可以在不同层级流动，当然大多是从黑工到正式工人，再到老板的向上流动；从市场上看，有群内市场和群外市场，他们相互之间形成市场生意伙伴，同时他们又面向法国市场乃至后来面向欧洲特别是东欧、非洲市场，特别是许多东欧和非洲客人都到 3 区一带进货。

20 世纪 80 年代后期和 90 年代，进入法国的温州人快速增加，经过多次的所谓"大赦"，大部分温州人拿到了居留证，获得了合法身份。一旦拿到居留证，大多数温州人就会想着自己开店或办工厂，自己当老板。由此，3 区庙街就容纳不下他们，那里的店面转让价比较高，于是不少温州人纷纷向其他街区转移、扩展，在 11 区的伏尔泰街出现了温州人服装店一条街，在 19 区与 20 区交界的美丽城形成温州杂货、餐饮一条街等。不管是 3 区庙街，还是伏尔泰街或美丽城，它们都位于巴黎市区，温州人利用街面商店从事他们的服装、餐饮、辅料、首饰、超市等生意。在一条街，形成独特的商业模式，可以产生规模效应，迄今巴黎人都知道这 3 个街区是中国人在经营的。所以，我们称之为"街区经济"。街区经济除了具有聚居区族裔经济特点外，还有一个明显的特点是跟居民日常生活紧密相连。一般来说，一层是店面，上面大多是居民居住的房子。街区经济的发展会影响到那里的居民生活，曾出现当地法国居民抗议温州人做生意的情况，最典型的例子是伏尔泰街区居民抗议温州人把临街的咖啡店改为服装店降低了他们买面包、享受咖啡的乐趣，在欧洲的其他国家（如意大利的米兰）也出现过类似事件。

不管怎样，温州人在巴黎创建了街区经济，拓展了他们的生存和发展空间，提升了他们与主流社会共存、对话的能力，实际上在一定程度上有利于他们在法国社会的融入。移民作为少数人群，以个体的方式融入主流社会，对主流社会来说是最理想的，但是这往往有很大的难度，对那些没有多少人力资本的移民来说，基本上是不可能的。结果是两种情况：一种是移民形成自己的社区，与外部社会隔离，这些社区往往被当作问题社区；另一种是创建自己的族裔经济，在经济上与主流社会形成平等的交易关系，从而提升自己的地位，使得主流社会难以从经济上排斥他们，然后慢慢经过代际的演变或者阶层分化，与主流社会形成一种新的融合关系（周敏，2013）。显然，温州人走的就是第二条路。他们还在"路"上，还不能说已经完全走通了、走成功了。如果早先人数不多的温州人通过附着在法国社会，生存下来，为后来越来越多的温州人至少建立了通向巴黎的社会通道，那么街区经济的出现和发展，就为他们初步奠定了经济基础，走出了第二步。第三步迈出的则是商城经济。

三 商城经济

在 20 世纪 90 年代中后期，巴黎温州人发现，像服装、箱包、首饰品等在法国生产的成本太高，中国内地和中国港台的相同产品比较便宜，所以就慢慢有人开始把生产转到中国内地和中国港台，而专注做贸易生意。裘花跟她老公于 20 世纪 90 年代从法国的一个小城市转移到巴黎，觉得在巴黎发展是对的，因为巴黎毕竟是一个大城市。

> 我们在巴黎租了一个地方继续制作皮包，生意不错。慢慢地我感到，巴黎 3 区的庙街一带，是做生意的好地方，那边都是犹太人开店做买卖。我又跟老公商量，是否在庙街上开家商店，做零售生意。我老公是比较稳重的人，他认为可以试试，但是工厂继续开着，由他负责工厂的事情，而由我去庙街经商，如果做不下去，回来还有工厂可以做，不至于风险太大。没有想到当时做零售生意，还真不错。零售不像制造业那么辛苦。在庙街，哪怕

一百个逛犹太人店的顾客中有一个人光临我的店，也会有不错的生意。我是华人中第一个在庙街开店从事零售的。刚开始，我从犹太人那里进货，当时销售首饰品。生意好了，我们就将工厂关了。慢慢地，我发现这些首饰品都是从中国台湾、香港进来的。既然是从中国台湾、香港进口，那我就没有必要从其他人那里进货，自己跑到中国台湾、香港找货源，毕竟我能说中文，到中国的香港和台湾地区，行动很方便。跑过去了，开始费了很大周折，去看厂家，检查品质，开头我还不敢一集装箱、一集装箱进，后来才敢。我从中国台湾和香港地区进货，慢慢向其他商家分货、批发。有一些人从我这儿批发，我都给他们一定的利润空间，做生意应该有一定的规则和道德，不能只顾自己赚钱。后来我又转向大陆进货，一开始觉得大陆的产品质量不是很高，后来在义乌发现有些产品不错，慢慢就转向义乌进货。我跟义乌的厂家建立了很好的关系，最近还邀请义乌的领导到法国来考察。（2011 年 5 月 26 日对裘花的访谈）

1998 年笔者第一次在巴黎做田野调查时，发现做中欧贸易的温州人已经有一些，但并不多。当时有一些温州人还不敢做贸易生意，担心自己不懂法语，无法填报海关进货单据。但是，等中国加入世贸组织后，越来越多的巴黎温州人开始意识到，从中国进货比在法国办工厂，更省钱省事省力，且利润更高，于是纷纷加入进出口贸易和批发、零售生意的行列。做贸易批发生意，对交通、场所有更高的要求。像 3 区庙街和伏尔泰街已经不足以满足这一要求，因为这些地方都位于市区，不利于货车开进去，卸货比较困难，进出费时费钱，而那里的店面比较小，不利于大量储存货品。来批发的客户大多是法国外省、其他国家的，甚至有来自非洲的。在这种情况下，温州人就有向郊外拓展和转移的需求，他们中的一些人瞄上了 93 区的奥贝维耶勒。

晓尚是最早落脚奥贝维耶勒的温州人之一。他说：

> 1992 年我一拿到居留证，就跑到奥贝维耶勒这个商贸市场，
> 开了一个商店，先是销售打火机，后来就卖眼镜，我可以说是温
> 州人中最早在这个商贸城做零售批发生意的。当时没有温州人在
> 这边做生意，只有一些犹太人在这里销售日常生活品，商贸市场
> 中只有 30 多家公司，我的那家就是其中的一间，到 90 年代末，
> 也只有 60 来家。之所以选择这个地方做生意，我是基于这样几
> 点判断和观察的：首先有犹太人的地方，做生意一定会好，我要
> 跟着犹太人做生意，而且犹太人做什么生意，我就想做相同的生
> 意，跟他们竞争，不能跟其他温州人做相同生意。其次，对巴黎
> 的观察，发现销售批发不会向市区集中，因为市区做批发，要用
> 大车拉进来，然后客人又将货向城外拉，很不合算。而且巴黎也
> 不会将市中心作为批发销售的地方。最后，奥贝维耶勒离飞机场
> 近，又有一些高速公路经过这里，交通条件，货物的运输和交易
> 比较方便。从 2001 年开始，商贸城的公司快速增加，都是温州
> 人的公司，到现在有 700 多家了。商贸城是由犹太人和法国政府
> 投资的，然后出租给温州人，现在每平方米一年的租金为 400 欧
> 元，租期为 16 年。我原来租老房子，后来把老房子转租给其他
> 人，赚了一笔钱，然后在国有公司兴建的新摊位那里租了一栋
> 楼，一年租金十多万欧元，主要用于展示和批发眼镜。（2011 年
> 5 月对晓尚的访谈）

奥贝维耶勒商城原来是犹太人开办的，据说商城前身是工厂，制
造业后来不行了，纷纷倒闭，一些厂房改为商铺，由犹太人经营。像
晓尚那样的温州人在 20 世纪 90 年代进驻那里，而从 2001 年开始，越

来越多的温州人纷纷向那里转移，将犹太人的商铺租下来，来做批发和零售。后来由于温州人涌进，原来的商铺不够了，于是有个别温州人想到把犹太人的其他厂房租来改为商铺，转租给其他温州人，于是商贸城就不断扩大。王胜可以说是第一个这样做的温州人。他2005年进入奥贝维耶勒，花了300万元购买了犹太人的一家工厂，有很大的厂房，想学犹太人做制造业，但是后来发现，他同样难以经营下去，头一个月就开始亏本，每个月亏8万欧元，觉得自己没有找到窍门。在经营压力面前，他想到了一个方法，就是将厂房分割为一间间门面出租。没有想到这就是他成功的转机。这些店铺很快都让温州人租走了。除了每间店一次性40多万欧元的经营费外，每年都还有14万欧元的出租费。他看到了这种模式的好处：自己不需要投入钱，就可以赚到很多钱，于是他就瞄准犹太人的另一间厂房，又把那个厂房租来，改成店面出租给温州人。这一鼓捣，他就赚得杯满盘满。他说，第一次购买犹太人的厂房，他投入了300万欧元。第二次租厂房改建门面，也有一些朋友参与。这种模式马上由汤华等人跟进学去做，然后汤华比王胜还更进一步，与一个犹太商人签合同，由犹太人兴建、汤华承租的300间店面2011年正在动工，听说每间店面的经营费高达50万欧元，年租达到20万元，物业费占20%左右，也就是4万欧元。

奥贝维耶勒的商铺明显不同于庙街、伏尔泰街和美丽城的店面，它们不是临街的，而是连在一起，一片片的，在一个方圆几平方公里的地方，有几十栋房子，都辟为商铺。这种格局在国内是比较常见的。早在20世纪80年代末和90年代初，温州人在北京的大红门一带，就搞了相似的商铺和商业大厦，如京温大厦、龙湫大厦等商贸城，至今还是京南的重要商贸中心和批发集散地（当然，从2015年开始这些地方都属于京津冀一体化规划中北京疏散非首都功能的一部分）（王春光，1995）。温州人在国内很多城市兴建了温州商贸城之类的场所（有的地方叫温州商厦，有的地方叫温州城，还有的地方叫温州商贸城等，不一而足）。这实际上是巴黎的温州人把国内的一些做法移植到法国的，或者说是不谋而合的结果。商贸城的运作有各种各样的做法和机制，但是，都比临街门面或店铺更复杂，显示出温州人内部的合作关系。

北京"浙江村"的京温大厦是温州商人与丰台区工商局合作兴建的。具体资金筹措方式是这样的：想租用商厦铺面的租户（都是温州商人），凡租一个铺面，事先就一次性缴纳5年的租金，获得5年的工商税费免收优惠。其他城市的温州商城的融资和合作方式与北京京温大厦有所不同，有的就是几个温州商人之间合资把商城建成，然后出租给其他温州商人，当然也会有一些其他地方的商人进驻。商城模式折射的是温州人合作互利的关系。巴黎奥贝维耶勒商城体现的也是这种关系：一部分温州商人直接从犹太人那里租用商铺，另一部分温州人则从王胜和汤华等少数温州商人那里租商铺；与此同时，有一些其他商人会加入王胜等人的经营活动，或者模仿他们的商业行为，即事先又从犹太人那里把厂房租过来，改建成商铺出租给其他温州人，从中赚得丰厚的租金差。当然，在合作中也会存在一些问题，比如据一些温州商人反映，由于2008年美国金融危机后，法国经济也不景气，生意不好做，店铺出租没有以前那么容易，租金也没有以前那么高，于是便有人当托儿，故意制造店铺紧张以吸引更多的租户。这只是少数人的说法，笔者并没有获得充分的证据，但是至少可以说明，随着一些人通过出租店铺获得好的收益，会引发群内其他一些人的想法甚至不满，影响群内团结。

从对巴黎温州人过去十多年经济活动的观察，我们发现，从街区经济到商城经济，是巴黎温州人经济的一大飞跃。首先，巴黎温州人从过去的"制造加工"阶段进入全面商贸阶段。虽然在街区经济时代，温州人就开始做商贸，但那时候他们批发和销售的商品不少是在巴黎加工、制造和生产的，有的人自产自销，而到了奥贝维耶勒，温州商人开始进入纯粹的批发和销售状态，他们批发和销售的大部分都是从中国进口的，还有很少一部分是从希腊和土耳其等地进口的。所以，商城经济实际上是中欧贸易的一部分，中国向欧洲销售的不少商品都是通过这些华侨华人实现的，其中温州人的作用不可忽视。奥贝维耶勒商城销售和批发最多的是服装、鞋、家用品、首饰等。虽然他们做的是服装或鞋之类的产品，相互竞争却很厉害，甚至出现恶性竞争，于是有一些人就转向更专更特的服装或鞋，比如有的人专做男性牛仔裤或女性牛仔裤生意，甚至是某个品牌的男性或女性牛仔裤；还有的人专做女性内裤销售生意，有的人专门做童装生意；等等。他们开始注重商品品牌，或者代理名牌商品，或者自己注册品牌。那些一年贸易量比较大的温州商人就在中国投资设厂生产自己销售的商品，他们的优势在于随时都能推出新款商品，比如他们在法国发现一款新商品，就会用自己的方式加以重新设计，然后通过网络发给中国自己的工厂管理人员，第二天就能大批量地生产出来，半个月内就可以上市销售。晓尚专做眼镜产品销售，他在上海浦东和江西设了两个眼镜厂，在奥贝维耶勒商城租了一栋楼作为展厅和仓库。他与法国的眼镜研究设计公司合作，或者雇请一些专业设计师，为他设计新款眼镜，由他自己在中国设立的两家工厂生产，然后运到巴黎销售。

我是温州人中最早做眼镜生意的，所有产品都在中国生产。我在上海和江西投资办了两个眼镜生产加工厂，江西鹰潭的那个厂比较大，雇了500多工人，由我连襟在那里管理。我的眼镜产品都是我自己设计生产的，专门花钱雇专门的眼镜设计公司给设计的，申请了专利。我现在能做到，零售商告诉我顾客需要什么眼镜，我就在网上将所需的款式发给中国，第二天中国那边看到，并做出来，直接从位于浦东机场边上的厂里送到浦东机场，托飞机送过来，很快就收到。现在的通信、交通如此发达，改变了我们的经营、经销模式。我几乎自己控制了整个产业链，自己来经营，这种模式渐渐地被其他一些温州人所接纳和采用。（2011 年 5 月对晓尚的访谈）

奥贝维耶勒商城拓展了巴黎温州经济活动的空间，或者说有了更大的空间。那里的交通条件远好于市区，特别对那些来自巴黎以外的顾客，就不需要跑到市区，交通便利可以节省运营成本，提高竞争力，吸引更多的巴黎以外的顾客，尤其是中欧和非洲等地顾客。由于有了更大的空间，有了更多的顾客，商城的商户就可以进更多的商品，生意越做越大，比在街区开店面的规模大许多。有的温州人现在在奥贝维耶勒一个月的生意量相当于在 3 区一个店面一年的量。在奥贝维耶勒，"最低，一个企业的一年收入在 200 万欧元以上才能维持。整个市场一般雇员为 5000～7000 名员工，平均每个公司 5 个人。现在最多是做服装的，其次是鞋子、皮包，还有其他日常用的个人用品"。

1992 年到奥贝维耶勒，我感觉原来华人经商主要在市区以内，随着交通和人口流动的发展，巴黎市政府的定位应该是政治文化中心，我认为批发商的定位不在巴黎，在那里是有碍于发展的，我们应该去郊区寻找自己的发展空间。当时，由于国内具有劳动力竞争优势，所以开始做进出口贸易，在市区不适合，我到这里来，当时犹太人已经开始在这里做了。1992 年注册公司，1993 年开始，慢慢地其他华人（温州人）也过来了。1996 年有 30 多家，2000 年成立商会的时候有 60 多家公司。现在，在奥贝维耶勒有 1200 多家华侨公司，都在 93 区，相当于中国的一个镇。主要经营小商品、服装、箱包等轻工产品。从批发市场中中国货所占的比例来说，底层消费品占到 80% ~ 90%，中层占 50%，高端的则以法国本土为主，但是它 80% 以上采购在中国。未来几年可能会扩张到 1500 多家。市区批发商不断撤出来，在未来 3 ~ 5 年会全部撤出来。（2013 年 9 月 16 日对晓尚的再次访谈）

随着奥贝维耶勒商城商户数量增多，商户做的贸易规模也在扩大。这个经济活动量大了，赚钱比以前多了，但周转资金相应地增加，借钱也容易了一些。十多年前巴黎温州人借钱做生意，大多通过呈"会"方式筹集（王春光，2001），现在呈"会"的少了，与好朋友打个招呼，如果他有钱的话，几十万乃至上百万都一下可以借到：

> "还有变化的是呈'会'少了，以前大家钱不多，需要通过呈'会'，筹集投资经费，而现在许多人都有钱，打个招呼，说要借上百万，也可以马上借到，不需要召集那么多朋友每个人掏一两万去筹集。"（2011 年 5 月对晓尚的访谈）

商城经济带来的另一个变化就是巴黎温州人经济结构乃至相应的社会地位结构变化。在 20 世纪 80 年代初，在巴黎温州人圈子内，谁做餐馆，谁就厉害，那时候餐馆生意好，赚钱也多，所以餐馆老板的地位是最高的，后来当 3 区庙街那一带被温州人占据后，服装和箱包加工经济取代了餐馆经济的地位。进入 20 世纪 90 年代中后期，有少数温州人开始进入进出口贸易领域，这个生意赚钱的速度远快于服装箱包加工和自产自销生意，1998 年我们访谈了一个从事进出口服装贸易的年轻人，知道他在短短的 3 年内赚的钱是做了十多年服装加工的父亲的好多倍。在奥贝维耶勒时代，有少数温州人的经营规模几乎是在街区开店面的人所难以想象的。所以，现在在温州人圈子中，做进出口贸易生意的人在地位上超过了其他人。

> 从 90 年代末以来，温州人群体发生了明显的变化。最大的变化是，温州人从服装、箱包制造向进出口贸易、零售行业转移，特别是 2001 年开始，这种转移速度非常快。以前温州人主要做服装、箱包、开饭店，中国加入世贸组织后，做服装、箱包，成本高，已经不合算了，于是就把生产转到了国内，如果现在还有人从事这个行业，那说明他没有赚到多少钱，经济地位并不好。一个时期有一个时期的行业，如果跟不上这种行业转移，就会失去赚钱的机会。行业的变化，也会影响人的行为。原来以为做进出口生意，不认识法文是不行的，但后来温州人发现，没有什么困难，因为他们的商品都是从中国进口，到了法国这边，找个人报个单，就可以进来，很简单。所以，就有越来越多的人加入这个行业中。从 2001 年开始，就有不少温州人跑到奥贝维耶勒这个市场来了。（2011 年 5 月对晓尚的访谈）

在 3 区庙街，目前还从事箱包加工的只有一家，这位老板很坚守自己的活。1998 年笔者就认识这位许老板，他当时正值 46 岁，年富力强，箱包加工生意还相当好，雇用了 4 个温州老乡，加上自己夫妻俩和母亲，一共 7 个人干活，一年赚不少钱，但是 15 年之后，他也进入花甲之年，更重要的是箱包加工已经没有人愿意做了。他对笔者说，现在由于别人都不干了，还给他留出了一点空间，但是赚钱并不多了，仅能维持生活。他也快退休了，没有能力再转去做贸易了。他过去也赚了不少钱，退休后也能拿到一些养老金，三个儿子分别去韩国、美国发展，也已经成家立业，所以，他也就没有了其他经济负担。不管怎样，以前非常有市场的箱包加工生意就这样衰落了。中餐生意从 2003 年中国发生 SARS 后就不如以前了，许多法国人把

SARS 与中餐联系在一起，认为中餐卫生欠佳，而且什么都可以做食料，因此他们不敢去中餐馆就餐，当然后来也有所改变，但是中餐的信誉确实受到严重打击。一些中餐馆老板（大多是温州人）转向做日式料理，凡是巴黎街头的日本料理店绝大部分都是温州人开设的。2008 年，金融危机冲击了法国人的钱袋，他们收紧了钱袋，不敢像以前那么快活消费了。这对餐饮业有很明显的消极影响。由此可见，经历过去十多年，温州人经营的行业经历了波涛式的演变，斗转星移，行业的地位急剧变化，往日风光的行业而今暗淡无光，往日不被人们看好的行业现在却风头正盛，那么未来又将如何呢？显然还有难以预料的变化，关键在于人们是否能有随机应变的能力和嗅觉。

商城经济并不是巴黎温州人的发展终点，同时也没有完全取代街区经济。街区经济依然存在，与商城经济存在互补的关系。街区位于市区，区位条件比较好，还是有一定的市场需求的，所以，一些温州商人既在商城有店面，同时还保留着街区的店面，形成共赢效应。裘花家就是这样，她在商城租下上千米的商铺，并没有放弃他们家在庙街的店面，继续经营原来的项目。与此同时，并不是所有的巴黎温州人都有条件和能力进入商城从事经营活动，做商贸也是有相当高的门槛的。本书从历史纵向上讨论了巴黎温州人的经济活动步伐；但是从横向上看，巴黎温州人群体内部的经济并不是扁平的，而是分等级的：有的人已经成为大商巨贾，有的人还在为他人打工，有的人依然坚守着 80 年代开始的服装和箱包加工，还有的人偷偷地在自己住处为他人加工一点服装维持生计。不管怎样，从纵向上看，在过去 30 多年中，巴黎温州人在不断地拓展他们的经济活动空间，当然其空间等级也在扩大，由此使更多的巴黎温州人从这个等级的底层往上爬，在下层活动的人数在不断减少。所以，作为一个族群来说，巴黎温州人的经济状况和地位相比 20 年前是有明显改善的，这在巴黎的其他移民族群中是很少见的。下面的几个完整案例可以说明这一点。

表 2–1 街区经济与商城经济的区别

街区经济	商城经济
餐饮、杂货为主，面向在地者为主	以服装、皮包、鞋、眼镜等为主，面向欧洲乃至非洲
物流条件差	物流条件好
规模小	规模大（奥贝维耶勒有 700 多家公司）
租赁关系：从房东那里租门面房经营	租赁关系：有几个温州人从法国的公司或个人那里租大量房子（厂房），然后转租给其他温州人
风险小	风险大
居住与生意合一	居住与生意分离

第三节 "做"市场的故事

案例1：从长途贩运者到商店老板

1998 年下半年，笔者见到宸君的时候，他还是一个没有居留证的偷渡者，可是 13 年后见面，他已经是一个不小的老板。他在 93 区的奥贝维耶勒商城开设了两家鞋店。正如另外一个温州人对他的评价："宸君是一个没有文胆却有商胆的生意人。"这个评价对宸君来说，是最恰当不过的。出国前，他在国内当过兵，去新疆做过生意，练就一身胆子。他在国内只受过小学教育，连自己的名字也写不好，在法国根本没有学过什么法语。小时候家里很穷，但由于当过兵，回老家，还比较受人器重，娶到一位有高中学历的女生当老婆。由于他见过世面，当过兵，说话直来直去。初次见面，他就对笔者说，钱是世界上最重要的东西，你有了钱，什么事都能办到。在他看来，钱就是一切。1998 年的时候，他确实很需要钱。他到巴黎已经有 5 年多时间，生了 5 个孩子（4 个女儿和 1 个儿子），孩子都很小，全家人挤在一间很小的房子里，生活很简朴，经常是大的孩子刚哭完，小的孩子就开哭，有时候几个孩子一起哭闹。他家就是这样的热闹。为了赚钱，他把所有的胆量都展现出来，在以下这一点上获得充分的证明：当时他没有居留证，但是，经常开车跑意大利、西班牙、葡萄牙等国家进货到巴黎卖，或者帮人家运货赚钱。

获得居留证后，他就在 3 区庙街开设了一间鞋店。没有多久，他发现不少温州人跑到奥贝维耶勒租店做买卖，他也跟着过去。现在他在那里开了两间鞋店，从事批发零售。2013 年 9 月的一天，笔者去他的鞋店找他，没有见到他，却见到他的两个女儿，15 年前她们还很小，而今已经帮父母站店做买卖。当然，她们肯定不认识笔者。笔者只对她们说，我是她们父亲几年前认识的朋友。她们说她们的父亲开车去郊区运货。没想到中午某商会的会长请笔者吃饭，他出场作陪，原来他已经成为该商会的副会长。据他介绍，他在奥贝维耶勒商贸城开了两间门面，销售从中国进口的鞋。他说，他在温州办了一个鞋厂，国内生产后拿到法国来销售。一年中大部分时间他要么是跑到中国管理自己的鞋厂，要么是去其他地方进鞋，而奥贝维耶勒的门面由他的几个女儿管理和经营。他的 4 个女儿中有一个已经不念书了，帮他看店做生意，他的其他女儿也经常来店里帮忙。虽然他并没有说自己生意做得有多好，但是从他现在在商会中的身份，可以看出来，他虽然不是巴黎温州人中最有钱的老板，但至少也是有一定地位的老板。另外一个老板对宸君的评价是：虽然是个文盲，但是有胆有识，肯吃苦，能吃苦，会吃苦，而且重视子女教育，尊重知识，眼光长远；善于与人打交道，特别是在国内与政界交往很频密。

宸君在巴黎温州人当中是有一定代表性的：出身社会底层，当过兵、在国内做过生意，然后通过亲戚，偷渡到巴黎，凭借胆量、勇气以及对市场的敏感，从从事非法长途贩运，到合法后在街区开店，后来跑到 93 区的商城开店，经营鞋类贸易和销售，目前已经成为有一定实力的老板。他的成功在于凭借自己的胆量和市场敏感，趁着中国加入世界贸易组织以及中欧经贸往来日益紧密，不断地开拓市场。

案例 2：眼镜店老板与一本书的故事

晓尚的法国经历也很传奇、独特。他是几个最早离开巴黎市区到奥贝维耶勒商城开店的老板之一，而今他已经成为为数不多的有实力的眼镜店老板。他在法国的故事还得从《密特朗的社会主义》这本书开始。他跟其他不少温州人不同的是，他进入法国之前，并没有什么亲戚在法国，他的成功主要靠自己的胆量和智慧。他是抱着对《密特朗的社会主义》一书描绘的东西的憧憬而进入法国的，他后来在法国的经历进一步说明他有着与众不同的想法和做法。

在出国之前，特别是在"文化大革命"期间，他跟哥哥养蜂，在全国各地走南闯北奔波。到 20 世纪 80 年代初，他跟他哥哥说，让他哥哥去养蜂，而他自己去做纽扣生意，试试看，如果做不好，继续跟他哥哥去养蜂。他认为他比哥哥灵活，善于与人打交道，因此适合去做生意。他在永嘉县桥头镇的一个桥上卖纽扣，刚开始生意不是很好，做了几个月，就回来跟他哥哥养蜂，不过随身带着一些纽扣，边养蜂边销售，从南到北，直到他从内蒙古返回老家，发现桥头的纽扣生意红红火火，于是就从 1982 年到 1985 年做了三年纽扣生意。从 1985 年开始就想到办企业，后来到温州办了一个乙烯企业，头几个月花了 2 万多元，只获得 1000 多元订单。但后来订单慢慢地多起来。到这个时候，他已经赚了五六十万元了。在当时，这么多钱，是相富有的，那时候流行着万元户的说法，也就是说万元已经很富有了，因为当时政府官员的月工资也就 50 元左右，而他已经赚了这么多钱，他在国内生活已经很好了，但是他还是选择了出国。为什么呢？他说，当时他看到了《密特朗的社会主义》这本书，他发现只要你到了法国，就可以享受自由的权利，可以享受到社会福利的权利，但是在中国，作为农民，不能进城打工，不能到城里买房子，孩子也享受不到城里人的教育等。因此他就选择了去法国。当时他老婆也支持他，但理由是不一样的，当时社会上认为华侨是很有钱的，这也是他老婆的想法。他问了一些去法国的同村人，到法国怎么样。他们告诉他，移民法国还是很有前途的，做生意蛮好的。于是1985年，他跟他的一个表弟一起申请旅游签证，他表弟获得签证，而他却被拒签了。于是，他表弟就先到了法国，1987年晓尚再次申请旅游签证，终于获签。当时申请去罗马尼亚，而不是法国，因为去法国的签证很难办，对温州地区的人来说更难。他与其他8个人到了罗马尼亚，让几个女的带上真护照，坐火车去法国，他们几个男的辗转到匈牙利，然后徒步爬过阿尔卑斯山，到了意大利，再从意大利坐火车到法国。1991年他跟他表弟一同获得法国居留证，之前去意大利也申请了居留证。他说他表弟虽然比他出国早，但是比他多吃了两年打黑工的苦头。刚到法国的时候，他身上还有不少美元，不急于去赚钱，于是边打工边去学语言，花了三个月时间学语言，大致掌握了法语的发音和语序，为后来自学打下了基础。因此，他能说一些日常法语，与法国人交流没有什么障碍。他说，他非常崇拜文化知识，认为有100万元没有什么值得骄傲的，而有文化和知识，那才是财富，所以他很重视学习。他说，他是背着一包书到法国的，他在国内买了莫泊桑的《高老头》、雨果的《悲惨世界》以及一些经济学的书。他认为在法国首先要学好语言。当时跟他一起搭铺的一个人对他说：老师啊，你去学法语有什么用，你无法当法国总统，只是打工的料。晓尚回答说，他知道自己只是打工的料，但能讲法语是令人羡慕的。他认为他当时的决定是对的。虽然现在他与那个劝他的人没有交往，但他知道那个人还是在开外卖店。懂法语，在一定程度上增强了他后来做中欧贸易的信心，因为可以较便利地跟法国海关人员打交道。

他在法国，一开始给人做皮衣、箱包，缝补钉纽扣，都很熟练了。后来到意大利做过半年的珍珠生意。他是巴黎温州人当中最早做打火机生意的。他从中国进口打火机，然后分发给那些没有居留证的人，他们拿去躲到地铁或街道角落去兜售。他说几乎所有温州小商贩卖的打火机都是从他那里拿去的。笔者曾有一个高中同学跑到法国，不懂法语，每天背着一包打火机，蹲在巴黎地铁中卖，听说他的打火机也都是从晓尚那里获得的，后来他吃不起在法国流浪生活的苦，就回国开药店去了。但是，晓尚继续他在法国的奋斗。1992年，他一拿到居留证，就跑到奥贝维耶勒商贸市场，开了一个商店，先是销售打火机，后来就卖眼镜，他是巴黎温州人中最早在这个商贸城做零售批发生意的。当时没有温州人在那边做生意，只有一些犹太人在那里销售各种日常生活品，当时商贸市场中只有30多家公司，他的眼镜店是其中的一间，到90年代末，也只有60来家。之所以选择这个地方做生意，他是基于这样几点判断和观察：首先有犹太人的地方，做生意一定会好，他要跟着犹太人做生意，而且犹太人做什么生意，他就想做同样的生意，跟他们竞争。他说，他不能跟温州人做相同的生意。其次，据他对巴黎的观察，他认为销售批发不会向市区集中，因为市区做批发，要先用大车拉进来，然后客人又将货向城外拉，很不合算。而且巴黎也不会将市中心作为批发销售地方。最后，现在这个商贸城离飞机场近，又有一些高速公路经过那里，交通条件有利于货物的运输和交易。晓尚原来租旧的房子，后来把旧的房子转租给其他人，赚了一笔钱，然后在国有公司兴建的商城租了一栋楼，一年租金为十多万欧元，这栋楼用以展示和批发眼镜。

他的眼镜产品都在中国生产。他在上海和江西投资办了两个厂，江西鹰潭的那个厂比较大，雇了500多名工人，由他的连襟在那里管理。他的眼镜产品都是自己公司花钱雇专门的眼镜设计公司给设计的，申请了专利。他说，他现在能做到，零售商告诉他顾客需要什么眼镜，他就在网上将所需的款式发给中国，第二天中国那边就会看到，并做出来，直接从位于浦东机场边上的厂里送到浦东机场，经飞机送过来，很快就能收到。现在的通信、交通如此发达，改变了他们的经销模式。他说，由自己控制整个产业链进行经营，这种模式渐渐地被温州人所接纳和采用。已经有好几家公司都这样做。他说，包括中国和法国的生产经营，他一年大概有 1 亿多欧元的生产经营总额。但是，他在法国，不能玩高调，开的是雷诺汽车，价格也就相当于 28 万元人民币，给自己开的工资也跟普通工人差不多，房子也不能买大的，否则的话，就很难向法国税务部门交代了。他的大部分资产在中国。他在江苏买了一栋楼，供出租；在温州买了 400 多平方米的房子，给他 86 岁的母亲住，他母亲还嫌房子太大；在上海也有好几套房子；还有两个工厂。他说他准备慢慢地将法国企业的利润提上来，增加在这边的收入，好给自己更换更大的房子打基础。他说，在国内有那么多资产，有什么价值？他还是希望在法国生活得好一些。现在由于给自己开的工资太低，还不宜买大房子。[①] 他的一个哥哥和一个弟弟在温州开办眼镜厂，也是他帮助支持的。

从晓尚的经历以及感受中可以看到，他虽然没有经历从街边开店到商城开店的过程，但是他顺应了巴黎温州人的经济转变，甚至引领这种转变：从街区开店到商城开店，从自产自销到参与中欧贸易的转变。在笔者看来，这实际上是巴黎温州人不断拓展市场的过程。参与市场拓展的温州人越来越多。

案例 3：女子能撑半边天

电视剧《温州一家人》讲的是一个温州小女子在法国和意大利的

---

① 如果他提高公司利润，会不会损害其他温州人的利益？因为法国税务部门说，为什么夏中的公司利润这么好，而你们其他温州人公司利润那么低？因此，其他温州人会被怀疑偷漏税。他说，犹太人不偷税，却合法避税，这就是他们比温州人高一筹的地方。

奋斗故事,在海外温州人中并不少见。这里介绍的另一个女子的法国故事,也有点意思。一个人在一生中会碰到不少意想不到的事,以致改变他或她的命运。裘花作为中国1977年高考恢复以后的首届大学生,是时代的骄子,但是由于上大学前答应男朋友,如果办理好出国手续,她就愿意放弃在国内读大学而出国嫁给他。为了信守诺言,她在大三时突然向学校提出退学出国的申请,令同学和老师惊讶不已。她出国后发现,法国并不是如国人所想象的那样是天堂,一切都要靠自己去拼搏。她说:"到了法国,不管你是大学生、硕士生还是博士生,都没有用,都要从头做起,能赚到钱,就成功,赚不到钱,那就要受苦。"他们这一代基本上是靠自己奋斗出来的。虽然她老公是通过过继给他伯父而申请到法国的,但是他伯父跟一个法国女人结婚,没有多少钱,经营一个小店,他既不能给他们资本,也不能给他们经验,更没有给他们提供住房,现在他们做的事情都是伯父一代所没有做过的。

她跟老公白手起家,先在法国一个不大的城市开了一个很小的皮包加工厂,每天埋头干活,一方面希望多赚钱,改善自己的处境,另一方面也为了排解从国内天之骄子、国家栋梁变成法国一无所有的闯荡者而产生的郁闷。很快她发现那座小城市的市场太小,发展机会有限,不利于他们在那里闯荡。于是她动员老公跑到巴黎寻找发展机会。他们在巴黎租到了房子,同样办起了皮包加工厂。她对市场有着特别的敏感,觉得加工皮包,显然不如销售皮包更有市场,更能赚钱。她在巴黎3区庙街一带捕捉到新的市场。她说:"在那一带,原来犹太人开了很多零售商店,生意很好。我想,如果我在那里同样开一家商店,也许也会赚钱。零售不像制造业那么辛苦。在庙街,哪怕100个逛犹太人店的顾客中有1个人光临我的店,也会有不错的生意。"她跟老公做了分工,让老公继续办加工皮包厂,而她去庙街开商店,如果不赚钱,还可以退回去加工皮包,有一条后路可退。她说，她是第一个在庙街开店的华人。没有想到的是，在庙街开皮包和首饰品零售商店，生意还真的不错。正如她预料的，做零售生意，比搞制造业，不但更轻松，而且赚钱更多。她先是从犹太人那里进货，后来发现犹太人的这些货都是从中国台湾和香港进口的，于是她想，如果自己跑去中国台湾和香港进货，会更有优势，特别是语言优势。她很快就在中国台湾和香港找到货源，以至于巴黎其他一些温州人开始从她那里进货。在这个意义上说，她是巴黎温州人中最早做贸易销售和批发生意的温州人。她渐渐地将货源市场拓展到中国大陆，特别是在义乌那里找到了货源。与此同时，庙街已经容纳不下她的生意了，于是她向奥贝维耶勒商城发展，在那里租了一个1500多平方米的店铺，由她自己来管理，而她老公管理庙街的两间门面。她自己也认为，他们的生意做得很不错。笔者在商城她的店铺里见到她，在她的办公室对她进行了长时间的访谈。她办公室相当大，又豪华，还挂着与中国国家主席的合影照片，商铺里人来人往，客流量不小，确实说明她的生意正如她自己所说的那样好。她的兄弟姐妹也在巴黎和其他地方，也有很好的生意，从而形成了一个以熟人圈为主的生意网，进一步支撑着她的生意。

案例4：另辟蹊径

大多数巴黎温州人或沿街开一间或多间门面，或在商城租一个或多个店面，但是，很少有人想到用连锁店的方式去拓展市场。但这并不是说温州人就不会去尝试新的市场方式，凡是赚钱的机会，温州人都会去探索、尝试和拓展。陆进可以说是巴黎温州人中敢于尝鲜做连锁店的人。有其他的巴黎温州人说，陆是一个很有想法的人，敢想敢做，在他们当中扮演着引领者的角色。他之所以会有这样的特点，原因可能很多，但是许多人都认为，这跟他在中国接受过良好的教育有关。他在80年代初考上了温州师范专科学校，虽然是专科学生，但当时考上大学是很不容易的。他大学还差半年就要毕业了，这个时候去法国的签证已经办好了，他就毅然地去移民，去追逐他小时候的汽车梦想。他说，小时候就很喜欢汽车，梦想有一天自己能开上私家车。他有很多亲戚先于他移民法国。当然，现在这对他来说不再是什么问题了。

也许是由于在国内受过高等教育，他在一些见解上往往不同于其他巴黎的温州人，在拓展市场上经常是另辟蹊径、独具匠心，吸引了一些其他温州人追随他。他是被过继给舅舅当儿子而出国的，然后跟他姑妈的女儿结婚。他1982年来到法国南特，先在他姑妈开办的工厂打工，后来出来到餐馆当服务生，不到一年就来到巴黎，住在舅舅家。他在巴黎先自己开服装加工厂，给犹太人加工服装。他说，犹太人很聪明，都把服装外包，他们就请几个设计师画画样板，就交给中国人和土耳其人去做。他说："加工衣服，有的在工厂里做，有的送给住家做。当时，温州人刚过来是很苦的，都住七八层的阁楼里。"他给犹太人代工了两年的服装，认识到要做生意，就得跟犹太人学，于是自己跑到犹太人集中的2区租店做服装销售生意。"我挣了两年的钱，一个人单身，天天开夜车，这样下去不能长久。我改行开店铺，好像自己身份一下子高了很多。当时，也是我人生的十字路口。有两个地点可以选择，一个是巴黎的3区，传统的地区开店，做皮包、首饰都可以。另一个是在犹太区开自己的店。做衣服还不成熟，当时广东人和东南亚华侨已经开始在11区做了。温州人还不成熟，自己做裁剪。我最后选择在巴黎最热闹的犹太区开了一个小店，当时感觉很牛，自己当老板了。我在法国打拼了三五年，成为站在柜台后边的老板了，感觉很好。当时，在2区开店，就去3区进一点小东西放到2区的店里，腰带、围巾、饰品，生意非常好。当时，2区寸土寸金，是冒险家的乐园，全世界的商人都到这里来，市场非常旺。我是在一个热闹的小巷子里开了一个15~20平方米的小店。当时，生意非常好，就把我的信心鼓起来了，我只干了两三个月，就租了现在这个临街的大店铺。当时，租金是一个天文数字，因为我只有一点小钱，开这么一个东西，所有人都认为会倒闭。但是我心里有数，我知道有困难期，熬过去就会成功的。当时，普通店铺租金是 800～1000 法郎每月，好点的两三千法郎每月。我店铺的租金是 5 万法郎每月，是人家的 20 倍，店面是 200 平方米，上下两层。正是因为贵才租给中国人，便宜的话早被别人租走了，这个圈子都是犹太人。"

这些经历对他很有作用，使他想问题、做事与其他温州人有所不同。"犹太人生活的历史，对我很重要，这些小故事可以反映一个侨民生活的历史、生活改进的过程，与犹太人一起共事需要注意的地方。我就是这样走过来的。我懂了，就一个中国人在这里开店，他们觉得我很奇怪。"陆进后来转做鞋的生意，由他参与投资的鞋店有 80 家之多，遍布法国各地。当时连锁店生意很好，他自己觉得很了不起，但是后来请教了律师，被告知在法国不能搞排场，否则税务部门会盯上，那就死定了。于是他采取了法律允许的合理方法去经营他的连锁店。他说，他也不知道那么多连锁店有多少员工，因为有不少连锁店他不是法人代表，而仅仅是合伙人或者投资者。"你问我有多少员工，我说不清楚，有的是自己的企业，有的是合股企业，有的是关联企业，我也没有去统计，统计也没有意义。"尽管如此，他还是一度被法国政府盯上，政府派人对他的国内公司进行查抄，前后经历两次，但结果只罚了他 5 万欧元，相当于他们查找的人工费。之所以查不出问题来，是因为："第一，我仅仅是投资者；第二，他们挂我们的牌子，使用我们的商标，签一个加盟合同。他们来查我，我知道他们要查什么。他们要给我做结论，看我是否合法经营，这是他们事后告诉我他们的目的。第一，他们要知道我们的进货渠道是否统一，由谁来供货。虽然是税务局帮着搜查，但警察要查。结果还比较好，我给（这些连锁店）供货很少，都是他们自己采购的，没有统一。他们看我们采购是独立的，证明是没有带关系的，最主要的是财务，钱从哪里来？我们资金上是公开的，没有让他们觉得有不合法的。他们认为我的框架是假的，为了避开工会，我请一个人做法人代表。他们查好了，告诉我你所有的股份企业都是真的，店长也是真的。他们认为我们真的是合股公司，不像很多人头公司。所有公司，我和店主合股，我的股份没有超过50%的，法人代表是店长，他承担法律责任。"

陆进除了做销售鞋的连锁店外，还曾与人合股做家具销售生意，但是由于中国家具工艺和理念不符合法国顾客要求，没有做成功，而转向做店铺成立设备销售。"现在任何人开一个店铺，从地砖到天花板、展架、灯具、打印设备、收银台等，我们全部可以提供。我们现在在法国和意大利都有公司。我们刚开始是斗不过法国大公司的。后来，别人也都来我们公司采购。我们很专业，价格合理，很大比例是在国内采购的。我们在奥贝维耶勒找了一个非常理想的位置做我们的公司。地理条件非常好，没有竞争对手在这个行业。我们有五年的历史。公司5年前成立，想开拓家具市场没成功。现在也是一个股份制企业，我是主要股东，30%～40%的股份是我的。在意大利更牛，有6家分店。法国只有1家，法国的店铺相对集中，主要在巴黎。而意大利比较分散，有米兰、罗马等。客户面向所有人，不仅是中国人，也面向法国人。我们的竞争对手是法国人，我只要比他们有供货优势就可以了。法国人、中国人、阿拉伯人、黑人都是我们的客户。这是一个非常成功的例子，所以我们中国人应该走出来，不应该窝里斗。商机是自己找的，我们当时选择这个行业，我们就很奇怪，怎么这样的行业会没有人做。我们每天在法国公司排队，我们开连锁店，是法国两大公司的客户。法国人很简单，你自己推车过去，自己拿货，然后付钱就行。事实很残酷，我们走过弯路，那么多产品质量如何保障、存货也非常大，我们大概有五千个产品。每个产品都自己下订单、自己检查质量、自己从中国运过来。"

陆进在经营模式和经营产品上在巴黎温州人中独树一帜、另辟蹊径。在经营模式上，他采用连锁店和合股经营的模式，避免温州人之间的恶性竞争，并很好地利用他们之间的社会资本和经济资本；在经营产品上又与其他温州人经营的不同，跟法国公司竞争。那么，陆进的经营模式是不是在巴黎温州人中有引领作用？在店铺成立设备经营上陆进也把店铺设在奥贝维耶勒商城，并利用那里的交通条件以及店铺众多等，为他的生意提供帮助。他也确实在经营模式和内容上有一定的创新，对巴黎温州人有一定的引领示范作用。

第三章

跨国与族群竞合

　　巴黎温州人从当初当矿工、开小餐馆到代工、办街区商店到建商城，一路走来，上一章中笔者已经作了初步介绍。人们可能会问，他们是怎样不断地突破、走向新的阶段、实现经济地位的改善的。这样的转变和改善并不是发生在所有的移民群体里。在欧洲各国的移民，除了最初的犹太人之外，很少出现中国移民的这种变化。在欧洲有人称温州人为中国的犹太人。当然这种称谓一方面意味着温州人确实会做生意，另一方面也说明如果温州人在异国他乡如此下去，也有可能面临像犹太人那样曾为欧洲人排斥的问题。有个别巴黎的温州人也有后一种看法和顾虑。这里且不去讨论这个问题，而转向巴黎温州人在经济转向中的运行过程和机制。

第一节　跨国与族群效应

　　如果说温州人有什么经济精明（或理性）的话，那也不是与生俱来的，而是与其在实践中表现出来的一定群体效应密切相关。温州、福建、广州一带的人都偏好当老板，"宁做鸡头不做凤尾"，但在那里并不是人人都能当成老板。实际上每个人都想主宰自己的命运，只是方式不一样而已。温州人选择当老板，只是一种主宰自己命运的方式，仅仅是一种偏好。笔者曾说过，温州人还有一个幸运点，就是从计划体制的睡梦中醒来得早，主要是由于半夜中被"饿"醒，然后冒着生命危险到处去找吃的，有一种"坐以待毙"不如"战死沙场"、撒手一搏的勇气，从而抢在许多国人之前进入市场，有的在市场大海中击风搏浪赢得了商机，当然也有不少人折戟沉沙、默默无闻，不为人们所关注。人们关注的往往是赢家，而不是失败者。有的温州人因为有海外关系，从而走到了美国、英国、法国、意大利、葡萄牙、西班牙，等等。过去的20多年，中国大踏步走向世界，经济获得快速的发展，给巴黎温州人提供了前所未有的机遇。不能不说，巴黎温州人是幸运的，他们的经济与社会地位在过去十多年有那么大的跃升，与祖籍国的发展和开放密不可分。我们经常说，中国发展、强大了，海外华侨华人的社会地位也就提高了。这样的说法有点笼统，但对巴黎的温州人来说是有真实的机制在支撑，那就是中欧贸易以及国内的投资机会。在巴黎，我们遇到的许多大老板，都是在过去十多年内壮大的，表面上看他们的钱似乎都是在法国赚到的，但仔细一聊，就知道他们的很多生意都与中国有关，基本上都是在做中欧贸易，其销售批发的都是中国生产和制造的物美价廉的商品，而且他们几乎都有在中国投资的生意，或投资制造业，或投资房地产和其他行业，特别是投资房地产让一些老板发了大财。因此有老乡告诉笔者，那些有钱的温州老板在中国赚的钱可能比在法国赚得更多，只是其他人感觉不到而已。虽然对此难以找到确凿的证据，但是从交谈中也会找到相应的痕迹。

Q①某和他的兄弟姐妹都移民法国。他们从 20 世纪 80 年代就在法国开店经营，都做得不错。他们从 90 年代就开始从广东、浙江义乌进口商品，销售批发的都是中国商品。进入 21 世纪，他们都积攒了一些钱，有的也汇入中国。他们看到中国的房地产市场风生水起，房价不断上涨，于是就联手在中国投资房地产。他们回国投资，深受中国地方政府欢迎，被视为外资，不仅容易拿到土地，而且容易获得贷款，还享受各种税收优惠。他们先在老家某地投资 1 亿元，成立房地产公司，很快就赚到钱；后来到国内某地级市又投资了高档房地产，获得了丰厚收益。接着他们在老家的另一个地方拿到了 400 亩地，用于房地产开发。他没有说在国内公司有多少资产，但是他默许了笔者给出的 10 亿元人民币以上的说法。想必这样的资产不是他们在法国所能有的规模。显然，他们在国内的房地产市场上赚得杯满盆满。他说，他们在中国国内虽然赚了大钱，但是不敢说出去，更不敢让媒体报道出去，否则的话，法国政府会查他们的。之所以在国内投资，原因在于在法国赚到的钱不敢存在法国，只能想办法往中国汇，投资中国。当然，他们从中国赚的钱也会通过各种方式汇到法国，支持他们在法国的生意。从这点来说，法国并没有什么损失。同样，巴黎温州人支撑着中法贸易的往来，实现了两国的双赢。从这个意义上说，限制侨汇实际上不符合

---

① 这里用英文字母表示被调查对象，是为了更好地保护他们的利益。移民的钱汇或投资是相当敏感的。接受国紧紧地盯着移民会不会把钱通过各种方式转移到流出国。2013 年西班牙政府就开展所谓的"帝王行动"，查搜洗钱、偷漏税行为，一些华人曾被查到、抓走和起诉。西班牙媒体大做文章，过度渲染华人如何损害他们的利益，甚至有媒体说中国就是靠这种手段崛起的。实际上，移民汇钱问题一直存在，只是说，有一些移民赚的钱少，汇的也少，有的赚得多，当然也会有一些偷漏税问题，因此会利用各种渠道将钱汇回流出国。但大多数移民还是遵守当地法律的。欧盟对现金带出国有严格的限定，每个人一次不能带出 1 万欧元以上的现金。各个海关把关很严，有效地防范了现金流出。以前也确实有温州移民在出关时被查出违反规定的行为，现金被没收了，公司也会被搜查，损失挺大的。这里这么说，并不是为一些人的不法行为辩护，只是想说明，他们在异国他乡的一些生存行为。

国际贸易的理性原则。当然，欧盟更多的是限制那些没有纳税的钱转移出去，即禁止洗钱。

X先生在中国上海、杭州、温州和苏州都买有房子，还投资了两家企业，从事生产制造业。他在某市买了一栋7层的房子，专门用于出租，一年的房租收入不在少数。他在法国销售的产品都是自己在中国企业生产的。由于他销售的是技术含量比较高的产品，因此他的生意已不局限于法国，而是向欧洲其他国家和美国发展。但是，他在法国，不玩高调，不炫富，相当低调，开的是小厢的雷诺汽车，给自己开的工资跟普通工人差不多，买的房子也不大。他之所以这样做，原因在于如果玩高调炫富，就很容易受到法国税务部门的关注。有一些温州人在欧洲开豪车、住豪宅而被税务部门盯上，惹上了官司甚至被判刑收监的情况确实存在。因此，X的低调是理性行为。他说他准备慢慢地将法国企业的利润提上来，增加在法国的收入，好给自己更换更大的房子打基础。他说，"在国内有那么多资产，有什么价值？他还是希望在法国生活得好一些。现在由于给自己开的工资太低，还不宜买大房子"。

Q先生和X先生在法国的生意之所以越做越大，自然离不开中国，他们在法国和中国都有自己的资产，成为名副其实的跨国公民，犹如跨国公司老板。那么，巴黎温州人究竟在国内的生意总体如何，这是一个无法获得答案的问题。但是据他们中的一些人估计，巴黎温州人在中国的资产和资金不会少于100亿元人民币。他们的直觉不会有错，因为他们就生活其中。需要指出的是，这么多资产和资金并不是从法国转移到中国的，很多情况下都是他们运作中国资本而积累起来的，因为中国对外资投资有很多的优惠，比如土地、税收、银行贷款优惠，有一些巴黎温州人以华侨身份（甚至侨领名义），没有带一分钱到中国，就能贷到不少钱，可以在中国投资做生意。甚至还有个别侨领利用与某官员的关系，赚取很多钱，后来东窗事发银铛入狱。[①] 因为巴黎温州人往来于中国与法国，自然会在经济上产生跨国效应。

在调查中，我们发现，20 世纪 90 年代末是巴黎温州人把在法国赚的钱带到中国，而 2008 年之后，已经有人开始将在中国赚的钱带入法国，在法国支持他们的生意，甚至拓展生意。H 先生最近几年在法国生意做得很大，有老乡称他为生意"老大"（不是黑社会老大）。他正进军金融行业。他看到 2008 年后欧洲经济不景气，不少小银行面临破产，认为这是兼并收购的好契机。但当初他到法国时没有多少钱，先后在餐馆里打过工，在皮包工厂做过皮包，开过杂货店，开过制衣工厂，雇了不少黑工，后被警察查封，只好跑到巴黎之外的城市经营服装店。2005 年他进入奥贝维耶勒，花了 300 万欧元从犹太人手里买下一个大厂房，自己来生产，但很快发现不赚钱，坚持不下去，于是只好把厂房改成店面，出租给其他温州人，没想到这一步走活了，发财了。接着继续做第二拨这样的生意，又赚了。于是他瞄上了金融业，2013 年正与瑞士的一家银行商谈并购的事项。他说，表面上看起来，金融业很深奥，实际上你进入了以后，就会发现非常简单。就拿他现在经营的房产业来说，原来以为很难进入，现在一进入后发现这里太简单了，风险非常小，不需要自己投钱。房子由犹太人投资兴建，自己可以先让愿意租商铺的温州老乡出钱给他，拿出一部分给犹太人，从犹太人那里将房子拿到手就可以给温州老乡，他就坐着收取租金，与犹太人分享。现在国内有不少老板很有钱，想到国外去发展，拓展业务，国家也鼓励他们"走出去"，他是这样一些有钱的国内老板的代理人，与他们有很好的私人关系。因此，他与一些国内老板谈成想法，受后者的委托，去购买瑞士的银行，投资欧洲的金融。

---

① 曾担任温州副市长，后在浙江省建设厅副厅长的位置上携带女儿偷渡出境，列中国红色通缉令之首，刚刚被引渡回国的杨秀珠案件就说明这一点。受这个案件牵连的有个别海外温州人，他们曾与杨秀珠一同合谋获利。

H 先生投资银行的钱大多不是他自己的，而是依靠中国国内资本的。

在调查中，我们发现，与过去相比，当下华侨华人在中国的发展和建设中的作用已经发生了明显的变化：过去是不断吸引外资，华侨华人的资本对中国的发展非常重要，因此华侨华人在国内被各地政府奉为上宾，而今中国开始从资本输入国转为资本输出国，华侨华人的资本对中国来说并不那么重要了，从而促使他们的角色在中国对外经济关系中出现明显的转变。正如一位在法国一家报社做记者达 10 年之久的先生对笔者所说，从 2005 年开始，华侨华人对中国的意义发生了明显的变化；中国政府对华侨华人的作用的重视程度已经发生了明显的变化：

> 20 世纪 80 年代，中国刚改革开放，需要外资，尤其是华侨华人的资本到中国投资，因此给了华侨华人很高的待遇，很优惠的政策，但这种状况到 2005 年前后已经发生了明显变化。现在不同了，很多国内来的官方代表团尽可能不跟侨团接触，而愿意跟那些在法国政界有朋友、有影响力的华侨华人接触，他们的目的就是通过这种接触影响法国政界。而对华侨华人的希望就是让他们更好地融入当地社会。（2011 年 6 月 1 日对 Z 先生的访谈）

2014 年中国成为资本净输出国，再次预示着华侨华人资本对中国招商引资的价值明显下降。巴黎温州人对此感受也很明显，有人说，20 世纪 90 年代回去，县委书记县长、市委书记市长都会出面接见、请客吃饭，现在就不一样了，没有那么热情了。当然，中国有资本向外输出，正如 X 先生所做的，巴黎温州人在投资欧洲方面有了发挥作用的机会，也可以借力发展自己。

相比于法国的其他移民族群，中国因素对法国的华侨华人（尤其是巴黎温州人）来说，显得非常重要。我们也不是说，其他族群没有与祖籍国开展商贸，但是他们的祖籍国大多数情况下经济并不是很好，发展速度也没有中国快，更没有中国那么大的制造产业、商品量和巨大的市场。而且 2003~2013 年，中欧双边贸易量从 2003 年的 1252 亿美元上升到 2013 年的 5590 亿美元，中国对欧出口从 722 亿美元增加到 3390 亿美元，自欧进口从 530 亿美元提高到 2200 亿美元。[①] 在这十年中，欧盟一直是中国第一大贸易伙伴，而中国一直是欧盟的第二大贸易伙伴。2005 年欧盟的主要贸易伙伴是美国（排第一）、中国（排第二）、俄罗斯、瑞典和日本，而非洲、中东等向欧盟输出移民较多的地方都没有成为欧盟的主要贸易伙伴。2005 年中欧贸易中，纺织品占中国输往欧盟产品的第二位，为 13.7%，占欧盟纺织品进口量的 30.67%；中国输往欧盟产品中占第一位的是机械与运输设备，占一半左右（宋祖德、苗东强，2008）。2013 年，欧盟从中国进口的主要商品依然为机电产品、纺织品及原料，以及家具、玩具等，该进口额合计占欧盟自中国进口总额的 68.8%，分别为 1768.5 亿美元、454.0 亿美元和 320.4 亿美元，在欧盟进口市场中分别占 20.5%、5.4% 和 2.1% 的份额。[②] 这给生活在欧洲的华侨华人提供了绝佳的机会，尤其对生活在欧洲的温州人来说更是如此。而对来自阿拉伯国家、北非国家和撒哈拉沙漠以南的非洲国家乃至拉丁美洲国家的移民来说，就缺乏这样好的贸易机会和条件。

并不是所有生活在欧洲的华侨华人都从事中欧贸易，因此也不是所有人都能感受到这样的机会，或从中获利。温州人、福建人、潮汕人这些相对来说长期从事商业贸易、有经商传统并在欧洲时间比较长的华侨华人就有"近水楼台先得月"的便利。巴黎的温州人主要做的

---

① 陈新：《中欧经贸关系走上"高大上"》，http：//www.legaldaily.com.cn/international/content/2014－06/24/content_ 5621649. htm？ node＝34031。

② 《2013 年欧盟货物贸易及中欧双边贸易概况分析》，http：//www.chinairn.com/news/20140429/180031168. shtml。

就是中欧纺织品贸易，现在也有少数人从事机械设备贸易。由此可见，他们就是中欧贸易的弄潮儿、助推手和受益者。显然，作为中国人族群的一员或者亚群体，巴黎温州人在过去十多年中经济行为和形态上的变化，折射的就是他们在中欧之间扮演着的角色不同，或者说是适应中欧经贸关系变化的反映，其中的运作机制则出现从回中国投资到从中国输往欧洲商品乃至成为中国资本投资中介这样的变化。

第二节　族群竞合

上面讨论的是巴黎温州人作为一个族群所具有的一些经济、社会优势。本书将进一步分析和观察他们在经济上所面临的挑战和竞争压力。族群竞合则是他们经济的另一种运行机理。中国改革开放以后，温州人才大量进入巴黎，通过附着、街区和商城等经济形态，渐渐地在巴黎开辟了自己的经济存在和发展空间。但他们的空间与巴黎经济空间的关系并不完全是嵌入式的，而是竞合式的，既有竞争又有合作或者互补的关系。中餐馆的出现和发展不仅为法国带来了东方美食，而且输入了饮食文化，丰富了当地的饮食产业和文化。最早从事中餐馆的大多是来自中国香港地区、东南亚的华侨华人，在法国大多被称为东南亚华人。温州人进入中餐馆，一方面壮大了中餐馆，另一方面也与东南亚华人形成了竞争关系。在中低档鞋帽、服装和箱包等生产和贸易上，开始的时候温州人似乎是嵌入犹太人的经济活动圈子，为犹太人代工，但目的还是想从犹太人那里学习商业经验，尽快摆脱对犹太人的依附，形成自己的产业链，与犹太人竞争，乃至在一定程度上将犹太人从中低档鞋帽、箱包、服装等领域挤出去，号称"温州人打败犹太人"，似乎温州人很"牛"，但实质上这是犹太人主动的战略选择，本来这个领域的利润并不很高、很好，犹太人基本上已经没有什么可赚了。

温州人之所以有一定的竞争优势，主要还是靠长时间的投入和低廉劳动力。一批批温州人进入法国，主要是巴黎，初来乍到，不少人还没有合法身份，但他们需要找到一份工作，马上赚钱，以获得立足之地，因此他们对工资待遇的要求并不高，更多地将法国的收入与当时中国的收入作比较。按当时法国的最低工资给他们，他们都觉得不错了，而且他们对劳动时间没有什么苛求，不懂法国劳动法，一天干10 小时乃至16 小时，一周干6 天，是很正常的。有的人除了在老板那里干活外，回到自己的住处，还继续干活，希望多赚一点钱。就是这样没白天黑夜的工作和劳动，使老板降低了成本，赢得了一定优势，由此犹太人就主动地退出相关领域。实际上，按法国专家的看法，中低档鞋帽、服装和箱包等行业在20 世纪90 年代前后几乎要衰落了，没有想到温州人不但阻挡了其衰退，而且还振兴了这个行业，使法国中低档鞋帽服装乃至箱包还向中东欧和北非等地输出。

进入21 世纪，从温州移民法国的人明显减少，早先去法国的人都获得了合法身份，不少人自己开店当老板了，所以，巴黎温州人在自己内部找工人或服务员的难度增大，但是从外部找，又存在语言、文化和行为方式的差异，这种差异影响到交流和信任，甚至会产生冲突。有的温州老板曾经想找来自中国其他地方的人当工人或服务员，但也发现相互存在不适应的问题。与此同时，中欧贸易发展，中国可以提供廉价商品，这些商品的成本不仅比法国的低很多，而且也比温州人自己在法国生产的商品低很多。所以一方面找工人难，另一方面成本也高，温州人纷纷放弃箱包、服装加工，借助中国商品的优势，以提升他们的竞争能力。由于越来越多的温州人开店做销售，因此在短时间内，巴黎出现很多温州人开设的服装店、首饰店等，特别集中在伏尔泰街那一带，且一度因为挤走了咖啡店、面包店，给那里居民的日常生活造成很大的麻烦和不便，引发他们的抗议。所以，温州人渐渐地向93 区的奥贝维耶勒商贸城转移，避开巴黎居民的生活社区。

奥贝维耶勒商贸城的规模和影响正如上文所提到过的，该市^①的前任市长是这样向笔者介绍商贸城的："我们市总共 6.57 万人口，过着城市生活，不是农村。中国人在此处有 700～900 家公司，做进出口生意，公司数目相当可观，对奥贝维耶勒经济发展有着重要的影响。现在它们缴纳的税占全市的 5%，经济总量不好说，大概占 10%。"虽然这个市经济并不发达，而且人口不多，面积不大，但较早时它曾是工业基地，而且也较早接纳进城的农村人和葡萄牙等国家的移民，有一定的经济基础。温州人兴办的这个商城能在经济总量上占 10%，也是不小的比例。几个跟这位市长关系比较好的温州人对笔者介绍说，市长想引进更多的温州人，通过人口的更换来改善该市的社会经济条件。当然，市长是否说过这样的话，我们不得而知。但是，作为一个市长，心里肯定希望本辖区中有更多的人从事创业、经营，而不是充斥着更多找工作难甚至找不到工作的移民。

在巴黎的移民中，巴黎的温州人在经济上已经有了一定的规模和特色。论经济成就，他们虽然还比不上来自东南亚的潮州人，因为后者是作为难民进入法国，享有难民政策，与此同时，他们到法国之前就已经接触到法国的语言和文化，但巴黎温州人也是比较突出的，尤其与阿拉伯人和北非人相比，更为明显和突出。虽然他们的商品市场在法国和欧洲，但是他们与其他族群的交往和接触并不因此而增加很多，他们往往被视为比较封闭的人。在经济活动上，其他族群成员就难以进入巴黎温州人圈子。奥贝维耶勒前市长就跟笔者强调过这一点：

　　商贸城被中国人^②所垄断，其他族裔人群进不去，中国人也

---

① 法国的区划行政层级分三级：中央政府、大区和省、市。

② 这里的中国人主要指温州人，来自中国其他地方的人有少数在那边为温州人打工。

不愿雇用他们。中国人群体与其他群体基本上没有什么接触，可能是语言、宗教原因，相互交往不多，他们大多不会说很好的法文。各个群体各自从事自己的经济活动，彼此没有什么联系、交流。（2011 年 5 月对市长的访谈）

一方面不少温州人赚钱了，有了钱，温州女人穿戴变时尚了，爱提名牌包，爱戴金首饰等，这一点特别明显：

> 赚到这么一点钱，有的温州人就穿银戴金，开着名牌车，招摇过市，而对社会事务都不关心，只想到去请客拍马屁。（王京对自己温州老乡的批评，2011 年 5 月对他的访谈）

这样的评语虽然有点极端，但是也反映了其他人的看法。

另一方面温州人又没有雇用其他族群的人，尤其是其他移民，由此不可避免地引起其他移民的关注，甚至还有几分嫉妒，所以，就会出现一些问题：

> 最大的挑战是如何让他们共存，一起促进社会发展。冲突肯定是存在的。中国人做进出口服装生意，存在着逃税、走私问题。没有法律保护，中国女性在路上走，很容易受到攻击，成为受害者。（2011 年 5 月对市长的访谈）

当然攻击对象不限于温州女性，而且也针对温州男性。特别是在巴黎 19 区与 20 区、21 区交界地带的美丽城，不时发生温州人被抢劫、攻击受伤的事件，引发温州人与其他移民群体的敌对情绪。在美丽城一带，不仅有温州人在那里开店做生意和居住，也生活着大量的阿拉伯和北非移民。温州人还特别喜欢在美丽城的一些酒店聚会，特别是摆结婚喜筵等，因为那里有一些好一点的中餐酒店。每次宴请活动，温州女性打扮得很时髦，温州人还有请客送现金的习惯，由此，少数人就瞄上这点，往往就在酒店门口守候，等筵席结束温州人从酒店出来的那个时刻，趁温州人酒喝得醉眼蒙眬或者高兴得失去警惕，便对他们实施抢劫。2010 年 5 月的一个晚上，也是喜庆酒席散后温州人从酒店出来，几个人抢劫温州女性的手提包，此时一个年轻的温州人从酒店里拿出一把猎枪，对着抢劫者的腿开枪，打伤了他。后来警察把开枪的温州人抓走问讯，这激起了温州人的愤怒。温州人认为，这位开枪的小伙子是为了自卫，不应被警察抓走。"美丽城这位年轻人勇敢地维护自己的权益，反而被抓走，抢劫者反而被释放，这就激起了中国人的愤怒，都把这位年轻人当作英雄。这位年轻人还在警察局，有可能会在年底释放，但是他担心会被判刑。最近是不会放出来的，因为快到周年了，警察高度警惕。"（2011 年 5 月对王京的访谈）这里背后的原因是，长期以来温州人对经常不能有效管好美丽城的治安警察已经非常不满，而当警察抓自卫的温州小伙子就成了温州人发泄不满的爆发点。与此同时，当时法国总统萨科奇曾会见达赖喇嘛，引发中国不满。就有了 2010 年 6 月 20 日由巴黎温州人发起的"反暴力、要安全"的大游行。对此次游行，作为主要发起人的王京作了这样的描述：

美丽城发生枪击事件后，中国外交部发言人说，法国治安有问题，劝导中国人去法国旅游，须谨慎。法国外交部马上回应说，中国外交部反应过度，法国不存在治安问题，因为法国是一个旅游大国，它很担心外国说他们治安不好。于是驻法国使馆有领导打电话给我，说事态复杂了，叫我组织人搜集证据。既然是使馆要求，就必须去做。实际上这个事关中国人的民族尊严，在这里，中国人经常受到侵害，而警察都不管，中国人已经忍无可忍。我就通知大家搜集资料，刚开始大家响应不太积极，后来我找一些人去搜集，弄来了一摞的资料。然后我给华侨华人会长打电话，希望华侨华人会出面组织大家表达对安全的要求。但他认为，美丽城发生的枪击案仅仅是治安事件，应交由警察去管，作为民间团体，不应插手，不要把这件事政治化。而一些骨干和团体在美丽城连续开会商量后，大家同意组织游行，马上向警察局申请，准备服装，组建维持安全的人员等。我自己拿出了一笔钱，搞政治，没有钱是不行的。然后我又打电话给会长说，我们都准备好游行了，这个时候他才出来，各团体也出来。6月20日来了3万多人。那天游行很成功，大家穿着统一的服装，跟2008年4月19日的游行一样。但到后来出现一些年轻人过激的做法，推倒了警察汽车，跟警察发生了冲突，被抓走了十多人。当时使馆就来电话说，你们是不是出事情了？我说，这起事件跟游行没有关系，因为冲突发生在游行申请线路之外，而且在宣布游行结束之后40分钟才发生。这起冲突当然给游行带来了消极的影响，特别是法国媒体大肆报道这件事，而对游行几乎没有任何报道。"（2011年5月对王京的访谈）

经历这次事件后，在美丽城经商的温州人联合一些阿拉伯店商成立了治安协会，并获得了所在区政府的支持。同样在奥贝维耶勒商贸城，由于经常发生治安问题，比如偷盗、抢劫等事件，那里的温州商人多次找警察而无果后，就自己组织治安联盟，专注于收集犯罪信息、安装监控设备等。这里可以看出，由于温州人这个群体在经济上有了明显的成就，同时在就业上比较封闭，因此与其他族裔移民产生了一些张力，影响到温州人在巴黎的生活安全。

经济竞合，同样发生在温州人群体内部。温州人绝大部分经营的是服装、鞋帽、箱包、首饰等，这些商品不论在价格、质量、款式等方面都大同小异，差异性不明显。在经济景气、市场购买力强的时期，这样的商品结构并不会带来恶性竞争乃至相互拆台的问题，反而使商人之间可以有更多的合作，比如相互借用商品，或者形成商品流通链条等。但当经济不景气，立刻会引发这些店商之间的恶性竞争，比如相互杀价，看谁杀得狠、杀得早，结果是可想而知的，那些没有经济实力的商人势必会遭殃倒霉。这种情况早已出现。当然，这种状态的一个预想不到的效果是，逼迫一些店商去寻找差异性经营策略，比如同样是经营服装的，有的会专做妇女服装，有的会专做儿童服装等，大大提高了经营的分工和合作水平。但是，这依然无法完全避免恶性竞争问题，原因在于2008年后欧洲经济一直不景气，而温州人的经济结构过于单一。就奥贝维耶勒商城来说，大约只有三分之一的商店能赚钱，还有三分之一的商店明显亏本，剩下三分之一处于不赔不赚的情况，当然会有店商偶尔赚一点或赔一点。从另一个角度来看，凡是有市场经济活动的地方，就会有竞争，当然也会有合作，由此观之，温州人内部的竞合是正常现象，相对于与外部的竞合，有着一些差异，比如内部在竞争上会顾及彼此的人情关系，会寻找更隐蔽的、婉转的竞争方式，并且更会顾及彼此的合作。但是，由于经济不景气以及从商结构单一等，巴黎温州人的经济业态潜伏着很大的危机。

现金流太大，族群过于集中于某个行业，存在的风险越来越大。温州人集中于服装、鞋等轻工产品的进出口，目前在低档的服装和鞋产品上温州人几乎占据100%，中档的占据了60%～70%，但高档的很少。整个奥贝维耶勒市场有1200多家企业①，每个企

---

① 有的人说，奥贝维耶勒商城只有700多家企业或公司，这里又说是1200家，口径并不统一，说明现实情况比较复杂。

业一年的收入如果达不到 200 万欧元以上，是维持不下去的，并且每个企业至少都要雇 5 个员工。（2013 年 9 月与某商会一些成员的访谈）

中小企业或公司的生存状况并不乐观。中小企业在竞合中明显处于弱势地位。

巴黎温州人面临的另一个挑战是电子商务和网购的快速发展。在一个商会的座谈中，不少商会成员对前景都有一种忧虑和危机感。有一个黄姓的温州老板说，他们到法国，经历了三个阶段：第一阶段是求生存，就是解决生活、居住和工作问题。第二阶段是立足，就是要拿到合法居留权，然后有稳定的工作就好了，这个时期，生活是第一，工作是第二，工作是为了生活。第三阶段是发展。谈及发展，不少温州商人表现出一定的忧虑："2008 年金融危机的影响到现在才真正显现出来，近年对进出口贸易的影响最严重。"有的温州商人已经意识到网络贸易对现今的进出口贸易产生的冲击。他们认为，没有多少时间留给他们了，有的认为是 10 年，有的认为是 5 年。也就是说，如果在这段时间内温州人不做出调整，那么他们就会面临重大危机。

不会超过 10 年了。现在都是网络销售发展迅速，将来我们这样的店面批发进出口贸易可能没有发展空间，估计只剩下 5 ~ 10 年的发展期。而我们从事的进出口贸易都是自己销售，将来可能会被慢慢淘汰。我们在慢慢进入电子商务领域。（2013 年 9 月黄某在某商会小组访谈上的发言）

另一位与会者表示了相似的看法：

进出口贸易的特点是信息不对称，现在随着电子信息技术的发展，信息越来越公开、传播更快，不对称的问题越来越小，进出口贸易存在的可能性小。这种情况下如何生存，从物流寻找自己的其他支撑点，或者从品质上提升优势，可能性都不大。而且在 10 年前，信息不对称时做进出口贸易是比较容易的，现在你很有钱也不一定成功。此外，之前国内的劳动力成本低，现在国内的劳动力成本也在涨高。（2013 年 9 月晓尚在某商会小组访谈上的发言）

面对可能的危机，黄某认为，温州人缺乏的还是知识，特别是一些适应时代变迁和发展的新知识，他们渴望有机会去学习新的知识，尽管他们年纪大了。

我们法国华人刚开始的时候，吃苦耐劳，利用廉价劳动力，是生存阶段，人家说中国人疯了，一天工作 16 个小时。现在是科技、信息年代，是拼智慧的年代。所以说，现在自己要提高，我们要痛定思痛、居安思危。现在大家都是家庭企业，怎么自己提高，小孩子培养是长远的规划，如何融入欧洲社会是大课题。现在网上有人说小孩中文都不懂了，都是老外的思想。但是，有一点要知道，小孩子生活得很好，让家长放心，这就是对家长最大的安慰，这是我们最大的成功。我那天和夏先生讲，我们要学习。我们现在缺什么，我们希望国内有一个学校，给我们讲课，给我们讲管理、专业知识，法律、税务知识，学习法语，学知识比钱有用。现在，学习的机会很少，困难重重。如果现在的协会能够把学习的气氛提高，比如进出口商会请个律师到这里讲讲，买房子应当注意什么问题、申请纸张①应该注意什么问题。途径

---

① 法国的中国移民对证件的通俗说法。

是学习、上课，请国内外的专家，进行案例学习讲授。比如可以讲些案例，国内国外的专家来给我们上课。我讲这个意思是，如何提高。我讲这个，是因为我有需求，我想其他人也有这个想法。（2013 年 9 月黄某在某商会小组访谈上的发言）

温州人并不会墨守成规、坐以待毙。他们一直在适应时代的变迁和发展，从 20 世纪 80 年代的中餐馆和服装、箱包加工到后来的商贸，从在地商贸到进出口商贸，他们在不断调整、转变和突破，去拓展和转换他们的经济空间。现在又到谋求新的突破的时候了，有迹象表明，他们在三个方向上寻找新的经济生长点：一是行业转换，二是新的合作，三是代际突破。

巴黎温州人已经有少数人有意识地向不同行业转换，拉开内部行业差距，寻找利润点更高的行业。晓尚以前除了给人打工外，拿到居留证后，他就意识到要做与其他温州人不同的行业生意，他选择了眼镜生意，迄今为止，他的眼镜业依然有很大的发展空间，已经从过去的单纯加工、销售到现在开始自己设计、生产、销售等。他也依托中国制造，但是在温州人圈子内，很少有做眼镜生意的，而且目前他已经向中高档发展，又开始向全欧洲乃至美国拓展。王胜与汤华则选择了房地产行业，王胜还开始进军金融行业，这些行业都是其他温州人没有进入的。

与此同时，那些有相当实力的少数温州人开始谋求与法国的一些公司合作。据有关媒体报道，有几位温州商人与法国公司在戴高乐机场附近兴建商贸城，计划将更多的温州商人分流到那里。这是 2014 年的事情。另一种是与中国资本在欧洲开展合作。在过去的 5 年中，越来越多的中国民间资本投向欧洲，购买葡萄酒庄园、花园、银行，其中来自浙江尤其是温州的一些民间资本都会找在欧洲的温州人帮忙或者合作。王胜在欧洲购买小银行，其中有一部分资金就来自国内的几个温州大老板。

还有一个方向性的拓展，就是第二代温州人的就业和创业比父辈们有一些优势。他们受过良好教育、掌握了一些技能、能说法语并了解法国社会文化。父母也为他们积累了一些经济基础。所以，他们有更好的基础和能力在他们父辈们不敢进入的行业去寻找发展机会。王捷是"80后"男生，虽然出生在中国，但6岁去法国，在法国上学，毕业于巴黎第一大学，学经济法。他父母开服装加工厂，后来开了服装的销售店，而他自己大学毕业后，没有承接他父母的生意，一方面是他不愿意，另一方面是生意也不是很好，他父母也没有想到让他来开服装店。他就注册了一家律师事务所，主要帮温州人办理买卖住宅、店面的手续和法律咨询。温州人最喜欢的是有了钱就去买房子，以前温州人买房子，专找东南亚华人的律师事务所，因为温州人中间还没有人懂法律开律师事务所，而王捷的律师事务所正好满足了温州人的需求。第二代温州人的职业选择与第一代不完全一样。我们调查过的第二代温州人中，有的像王捷那样，自己创业，其行业不同于第一代，但会与其他温州人的生意有关。也有的第二代不愿参与到温州老乡的生意圈内，完全脱离，进入法国人的圈子，为法国人打工，或当医生、律师、老师乃至公务员，但这种情况并不太多。还有一些第二代的温州人看到很难在法国找到工作，也不能靠自己创业，结果只好转向与父母合作，最终承接父母的生意。不管怎样，第二代温州人在行业上有所突破，即使在父辈们创立的行业中，寻找新的经营方式和手段，也会有新的突破。

与此同时，在巴黎温州人的经济活动空间中，也有一些人位于边缘，维持着基本的生存，并没有如上面所说的那些人那样风光。郑省民1953年出生，因为国内生意破产，欠下100万元（人民币）债务，不得不卖掉国内房子还债，然后偷渡到法国。拿到居留证后，他年纪已经很大，也没有人愿意雇用他。他和老婆就办起了一个制衣厂，专门帮他人代工服装，赚点生活费用。他说，这样做的收入比给人打工还好一些。他的两个儿子为了拿到居留证，只好参加法国雇佣军，在阿富汗和非洲服役，退役后就可以拿到居留证甚至法国国籍。当然，比郑省民处境还不好的人也有。在奥贝维耶勒的一座大楼一层走道上，每天都有一些中年人聚集在一起，他们在等着有人请他们干活，而且每天只能干点零活。他们或者没有合法身份，或者年纪大找不到稳定的工作，其中有不少是来自中国其他地方的，而不是来自温州的。在温州人的经济活动空间中，中国其他地方的人在增加，他们基本上都是为温州人打工。在晓尚的眼镜店，我们见到4位临时工，3女1男，他们分别来自辽宁的沈阳和铁岭、天津和江西，周末被请来帮助干点零活。他们一般来说都没有获得合法身份，只能在温州人圈子内像地下游击队那样，打着黑工，赚着计时或者计件工资。他们来到法国的主要原因是：一是下岗，或者国内收入太低，不足以赚钱供孩子读书。二是婚姻破裂。来自沈阳的那位女工，2011年47岁，到法国已经9年了，因为前夫有外遇而离婚，自己下岗了。她原来在沈阳的火车站工作，下岗后跑到法国，嫁给一个法国白人，她说她现在的老公很温顺，都听她的，在一家餐馆打工，每月赚3000欧元，钱都交给她保管，她自己打点零工，一个月赚1000多欧元。因为她跟法国人结婚，她已经拿到法国居留证了。那个男性临时工来自天津，2011年已经51岁了，家里有个儿子在上大学，他来法国打工，就是为了赚钱供孩子上学。原来他在国内一家大集体企业工作，后来下岗，他到法国也9年了，但是没有拿到居留证，不过他不想拿居留证，准备再干几年就回国。他带领一个40来人的队伍，在巴黎从事搬运工作，每个月能赚1000多欧元，每年可以寄回不少钱。另外两个临时工分别来自江西和辽宁铁岭，没有拿到居留证，每天做点零工，大约有50欧元的收入。在温州人的经济空间中，这些人虽然必不可少，但往往不被人们所关注，处在"隐形"的边缘。他们还是有自己的主体性的。

竞合是巴黎温州人经济活动的主要机制，表现为几种类型：一种是与族群外的人竞合，以竞争为主，合作是为了获得竞争优势，最终还是为了让对方让出经济活动空间。另一种是族内竞合，虽然存在恶性竞争，但合作还是主要的，这样的合作会有不同的形式：资金合作、劳务合作、信息合作，等等。还有一种是差异性竞合，也就是说，为了获得更多的发展空间，在行业调整、代际更替上，开始运用差异性发展策略以及年轻代际教育优势，获得竞争优势。尽管存在不择手段的恶性竞争问题，但竞合在总体上仍然是良性的，而且是巴黎温州人获得发展的动力所在。

第三节　小结

从历史的纵向看，巴黎温州人的经济空间经历了不断扩大、转型和层化的过程。对移民来说，建构自己的经济空间是其生存、适应和融入的最为重要的基础。为什么巴黎温州人能建构成自己的经济空间并不断拓展呢？在巴黎，与温州人同属外来移民的一些来自中东和非洲的移民为什么没有出现温州人那样的经济空间呢？当然，由于对非洲移民和中东移民没有做深度的调查，这里很难对这个问题做出有说服力的解释，但从温州人的角度看，建构自己的经济空间，至少需要具备这样几个要素：动机、能力、社会关系以及流出国的条件等。温州人跑到巴黎，不是去避难，而是去"淘金"，尤其是中国改革开放之后移民到巴黎的那些人，他们在出国之前被灌输的是"巴黎黄金满地"的想象，因此，他们到了巴黎，总觉得不赚大把大把的钱，是不可思议的。他们有着强烈的致富动机。李明欢在研究欧洲的温州移民中已经发现温州人有一种独特的"移民文化"，即"到欧洲去致富"（Li Minghuan，1999）。在强烈的致富动机驱使下，他们充分发挥和调用自己的能力和社会关系资源，比如起初先给亲戚朋友打工，然后利用社会资本，自己开店创业。在就业和创业之初，他们先嵌入现有的社会经济结构中，渐渐地增强自主能力，在竞合中获得和拓展自己的经济空间，形成了温州人的经济"形态"：从附着经济到街区经济，然后再发展到商城经济。

在这个过程中，始终有个因素在背后起到重要的作用：祖籍国。在早期，这些温州人赚钱的一个动力机制就是赚钱寄回老家"炫富"，或者说，显示"面子"以赢得在家乡的社会地位和身份，许多人还有一种"衣锦还乡"的想法，最后还想回到家乡。这种动力机制的前提是祖籍国还让他们留恋，而不是非洲某些国家长期动荡使不少移民根本不能想到要返回祖籍国。到了 20 世纪 90 年代后期，特别是进入 21 世纪，中国加入世贸组织，经济发展尤其是对外贸易飞速发展，为巴黎的温州人拓展新的经济空间提供了巨大的机会，巴黎的温州人在中欧贸易中扮演了非常重要的角色。

目前，对华侨华人的研究更多关注的是华侨华人对家乡的作用（刘宏，2013），但较少关注华侨华人在与家乡（包括祖籍国）互动中对自己在移居地经济的作用。事实上，对巴黎温州人的经济空间建构的研究，揭示了移民与祖籍国在经济交往上存在着双向建构的机制和机会。这也可以为族裔经济理论（the ethnic economy）和聚居区族裔经济理论（the ethnic enclave economy）提供一个新的透视视角。博纳西奇（Bonacich）和莱特（Light）提出的族裔经济概念指所有由族裔所有和经营乃至控制的经济活动，包括由他们控制的就业渠道等；而波特斯（Ports）提出的聚居区族裔经济则是指聚居区内的族裔经营的经济，可以说是族裔经济的一种，这里的前提是聚居区，并不是所有族裔都能形成聚居区，也不是所有族裔都能在聚居区形成自己的经济。在波特斯看来，聚居区族裔经济由族裔内部的企业家和经营者所有和经营，本族裔的其他人参与其中，既服务自己的聚居区，又服务主流社会。周敏通过研究美国纽约的唐人街进一步丰富了聚居区族裔经济理论，认为聚居区经济为族裔融入主流社会提供了平台和渠道（周敏，1995）。聚居区经济理论不仅强调经济特点，更强调族裔的文化特色，聚居区本身就是族裔社区和文化，那里有着自己的社会关系运行机制和文化价值，构筑了族裔经济发展的信任基础。巴黎温州人经济也是在自己的聚居区内形成的，嵌入自己的社会和文化之中，可以说是欧洲的聚居区族裔经济，但是，巴黎温州人建构的经济空间有两点不同：第一，已经将制造生产功能转移给中国国内，专注于贸易和服务；第二，以满足主流社会需求为主导。因此，在经济上，巴黎温州人与主流社会的紧密度已经相当高了，不仅是融合了，而且开始发挥一定的竞争力，比如商城经济被当地政府视为可以大力支持的一种做法。当然，巴黎温州人经济并不是没有危机，而是充满危机。随着网络和电商的发展，温州人的经营方式受到严峻挑战。由于品牌缺乏，内部恶性竞争，危机重重。这就看巴黎温州人能否经受挑战，虽然以前他们也经历了不少挑战。

由此可见，巴黎温州人移居到巴黎，保持跨国纽带是他们获得生存和发展的基础。这也是他们作为一个族群的特色之一。也正是这样的特色，他们才得以拓展自己的经济空间。竞合则是他们获得生存和发展乃至扩大经济空间而采用的微观机制。以前的相关研究几乎不关注移民聚居经济得以发展的相应机制。当然，巴黎温州人的这些机制并不一定是其他移民群体所具有的，因为机制的建构还是依赖他们所具有的社会和文化特质。如果不从社会和文化上去观察，那么在经济空间中发生的不少行为和现象就难以得到有效的解释。

第四章

社会性与社会空间

从聚居区族裔经济理论和经济社会学理论来看，经济是嵌入族裔的社区和文化之中的。巴黎温州人的经济空间是以其社会和文化为基础的，或者说是嵌入其社会空间之中的。这样的嵌入包含如下几层含义：一是他们的经济活动在很大程度上是在他们自己的社区内进行的，有一定的区域范围，在这个区域范围内他们的经济活动占据明显的位置和地位。也就是说，经济活动具有一定的区域空间性。二是他们的经济活动是建立在彼此的相互信任基础之上的。这些信任与他们的生活文化密切相关。这也可以说是经济的文化性。三是他们都以一定的组织方式开展经济活动。这样的组织方式体现了他们的社会交往和联系特点，因此这就是经济的社会关系性。所以，经济在社会空间中生产，而且也生产着社会空间。而社会空间通过社会性得以体现，即个体作为群体成员而表现出来的意识和行为，以及他们之间形成的各种关系和联系。不同群体有着不同的意识和行为，建构成自己的社会空间，让外来者或者外群体成员明显地感受到差异和不同。从这个意义上看，每个族群都有自己的社会空间特色。

巴黎温州人所建构的社会空间是相当明显的。先来介绍笔者最初进入巴黎温州人的社会空间的感受，就能更加直观地感受到一个移民族群作为社会空间的存在形式和价值。1998 年笔者第一次到法国，当时法国高等社会科学院是接待单位，于是被安排到巴黎 6 区的一个心理学教授家里去住。这位心理学教授拥有十多个房间，让笔者大吃一惊。在巴黎，一个人竟然有这么多房子，不是富人是不可能的，对于像笔者当时在北京只居住几十平方米的中国人来说，更是难以想象的。后来才知道，6 区是巴黎富人居住的地方，不是一般法国人能居住得起的，是一个独特的社会空间。一见面，心理学教授就很认真地告知笔者（带有警告口吻），不能在他家烧中国菜，他觉得，烧中国菜会有很大的油烟味，不但污染空气，而且可能熏黑他的豪宅。这很让笔者郁闷，难道法国人不食人间烟火吗？接触多了，才知道西餐与中餐在烹饪上确实大不相同。笔者只能按房东的要求去做，但是，吃不上中餐，是很憋屈的。第二天笔者去找巴黎的温州朋友，发现了另一个天地，与温州老家一模一样，当然可以解决吃中餐的问题，还可以吃到地道的家乡菜。接着笔者很快在那里找到可以"搭铺"（住宿）的地方，于是也就在一周内搬离了 6 区，进入巴黎温州人的社会空间，可以不受憋屈了。此时，笔者才感受到，在同一个城市里也存在东西方的明显差异，来自不同社会的人在生活方式上如何适应，确实是一个大问题。由此，当时笔者就强烈地意识到，温州人在巴黎已经构筑了自己的社会空间，于是后来笔者撰写的《巴黎的温州人》一书的副标题就用了"跨社会建构行为"，以探寻他们是怎样构筑自己的社会空间的。

在社会学中，社会建构是很时髦的话语，区别于结构功能主义把社会当作相对静态的看法，强调行动主体在建构自己的生存、生活关系和环境中的主动性、参与性（吉登斯，1984）。用另一个同样时髦的现代性话语，即反思能力，也就是说，人是有反思能力的（布迪厄，1992），不可能完全遵循外在加诸自己的那些东西，而会按照自己的想法、要求、能力和习惯去重新建构自己的生存环境和关系，即社会空间。总而言之，社会空间是建构性的，而不是守成性的。那么多温州人集中在巴黎，自然就会用自己的方式、想法、需求、能力和习惯去行动、生活，表现出自己的一套行动和生活逻辑，正如那么多韩国人在北京望京集聚而形成韩国人社区一样，温州人在巴黎形成了自己的社区和社会。那么巴黎温州人的社区和社会又是怎样的呢？特别是在过去的十多年中又有怎样的变化呢？对他们在法国社会的融合以及经济活动有怎样的影响呢？

"社会"的内涵是相当丰富和复杂的。巴黎温州人所建构的社会也是如此。我们之所以说巴黎温州人有自己的社会空间，是指他们并不是以个体形态散落在法国社会而变得不具有直观的、鲜明的形式，而是指他们形成一系列内在的联系、关系、组织、习惯和生活方式，具有独特的社会性，很直观、具象地不同于外部社会或者其他人群。本章将从社会联系、社会组织和行动方式三个维度去透视巴黎温州人的社会空间以及他们的建构和运行机制。

第一节　社会联系圈

一个族群的特性体现在他们之间的联系方式和密度上。一般来说，华人的联系密度都比较大，联系方式也很有特色，而温州人在华人中又有着自己独具特色的联系方式。先且看 2015 年 3 月 9 日《法国侨报》的一则有相当吸引力的报道，该报道说："一个街道，有 32706 人在海外，主要分布在法国、意大利等。浙江温州丽岙街道可谓是创造了又一个奇迹。3 月 7 日，欧洲法国丽岙叶宅村同乡聚会在巴黎华侨饭店举行。来自中国、法国、意大利等多个国家的同乡代表近 600 人参加了活动。"在聚会上，筹备负责人希望同乡们今后相互支持、相互资助，再创辉煌美丽的明天。这个报道还配上他们聚会的照片。虽然笔者以前就知道丽岙是一个侨乡，曾去那里做过田野调查，从侨报的报道中知道筹办者也曾是笔者的调查对象，但是，一个村有这么多人移民欧洲，并在法国聚会，这是笔者所没有想到的，真可谓"又一个奇迹"。这又说明什么呢？这个聚会显示，温州人在异国他乡依然会将他们在老家长期形成的联系带到移入国，即使他们在不同的国家，也会以某种方式延续这样的联系，甚至强化这样的联系。那么这种社会联系又是什么性质的呢？与移入国的社会联系有什么不同呢？这种联系究竟对他们意味着什么呢？这既不是一种公民联系，也不是一种市场联系，而更像是一种社群联系，温州人用这样的联系建构自己的社会空间。

所谓社会联系，是指社会各个部分（主要是成员）之间形成的相对稳定的链接和交往形式，表现为以一定的方式呈现出来的关系形态，比如血缘关系、地缘关系、组织关系、家族关系、上下级关系、族群关系、职业关系、感情关系，等等。每个社会都是以各种各样的社会联系呈现出来的。涂尔干认为（1893），现代社会是以有机联系（团结）区别于传统社会的机械联系（团结）；滕尼斯（1999）则认为，传统社会限于社区联系（共同体），注重于地域性的情感和认同，而现代社会则表现为松散的、超地域、非情感性、理性化的社会联系。戴维·米勒认为，当今社会有三种社会联系：第一种是团结的社群，存在于"人们共享民族认同之时。……首先是人们之间产生相互理解和相互信任的面对面的关系，扩展到更大的圈子，这一圈子中的人们既是由亲戚关系或相互熟识，也是由共同的信仰或文化联系在一起的"（戴维·米勒，2008：32）。第二种是工具性的联合，以功利的方式联系在一起，经济关系就是典范。第三种是公民身份的联合体，即大家在国家层面都是公民，享受平等的公民权利和责任，"公民身份可以被视作抵制市场经济所产生并使其合法化的不平等的一种地位"（戴维·米勒，2008：37）。在米勒的分析框架中，巴黎温州人在社会联系上首先应该属于团结的社群，他们内部存在地缘、血缘、族群等社会联系；其次他们也存在工具性的联合，经济联系非常密切；但是，他们中许多人并没有获得法国国籍，因此并没有严格意义上的法国公民身份。

在巴黎温州人内部，像叶宅村的联系，比比皆是，当然来自同一个村、同一个镇、同一个街道，乃至同一个县的不同人员，他们的社会联系程度是有差别的。按费孝通提出的差序格局来衡量，通常而言，来自同一个村的人比来自同一个镇、同一个乡、同一个街道的人有更紧密、更多样的社会联系，同样来自同一个乡镇、同一个街道的人比来自同一个县市的人，有更紧密的社会联系。也就是说，来自区域小的人比来自区域大的人有更密切的社会联系。其中社会联系的最紧密圈是家庭、家族以及亲戚等依照血缘、亲缘连接起来的关系，其次则是由歃血为盟、结拜而成的"名兄弟"关系、战友关系、同学关系和同事关系，然后则是地缘联系，其中地缘小的联系比地缘大的联系更紧密、更亲切、更牢固（见图4-1）。这些不同的社会联系存在于巴黎温州人内部，体现为他们的社会空间。

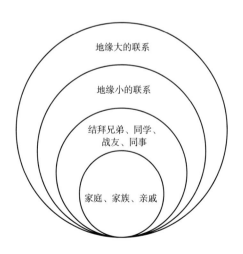

图4-1　巴黎温州人内部不同联系的亲密程度

巴黎温州人的社会联系具有情感性、先赋性、义礼性（或者面子性）和义务性的特点。他们当中虽然也有各种争议，但大多还是为了面子、情意、义务而争，在那里会感受到浓浓的义礼和情感。18 年前曾有一位温州人告诉说，他来到法国，最大的成就就是帮助 400 多人移民到欧洲。这 400 多人中有他的兄弟姐妹及其家人、亲戚，还有他的结拜兄弟及其家人、亲戚等（王春光，2000）。他说，20 世纪 80 和 90 年代，能出国移民，都是大家所盼望的，自己出来了，如果不帮助亲戚朋友的话，情意上说不过去，也没有面子，今后就没法交往了。几乎所有的温州人都有这样的想法。巴黎的绝大部分温州人都是通过这样的社会联系纽带来到国外的。

> 我是浙江温州瑞安人，现在有五个孩子，三个女儿两个儿子。我太太是和我从温州一起出来的。以前，我的父母在这边，我是不想过来的，他们就说这边怎么怎么好，把我骗了过来。为了赶 90 年代的"大赦"，我就过来了。（2013 年 9 月对徐某的访谈）

用温州人的话说，那就是"亲带亲，戚带戚"。特别是在社会联系的核心圈，人与人之间是互为责任的。在这个圈子，相互帮助是他们的义务。以前他们之间的主要义务或责任有两种：一是帮助移民；二是融资。"呈会"是融资的主要方式，会有两种，即活会和干会。活会是有利息的，但往往低于银行利息，干会是没有利息的（王春光，2000）。但是，在过去的十多年中，这两个义务或责任似乎变得越来越不重要了。就拿移民来说，在温州地区，能移民的都已经移民出去了，剩下的或者不想移民，或者没有关系得以移民，所以，现在温州移民到法国的人数越来越少。与此同时，"呈会"的融资方式是有条件的：一是大家赚钱不多，二是有人需要钱来投资但没有足够的钱。这两个条件现在都变了：不少温州人现在赚了不少钱，如果需要融资的话，跟一个关系好的人说一声，都能借到自己想要的钱，因此不需要把所有的亲戚朋友动员起来筹资。

> 刚开始搞会，有的是干会，有的是活会。现在不搞会了，现在有几个好朋友，五六个人就可以了。还是要看人平时的表现。现在不搞了，一是没时间，二是现在钱也多了。现在，还有从国内寄过来的钱。（2013年对晓尚的访谈）

社会联系的内容会随着时间发生变化。而今他们可能不需要去帮助国内的人移民国外，也不需要大家一起为某个人集资了，但他们还是依然延续、维持甚至强化着他们的社会联系。人情往来是他们维持社会联系的最基本的手段和方式。巴黎温州人是一个熟人圈，他们像在温州那样，平常会有各种各样的人情往来。生孩子、孩子周岁、生日庆寿、结婚、买新房子、搬家、丧事、公司开业、当上协会会长等，都会被他们当作重要的事情。一个人在一生中遇上这样一些重要的事件，亲戚朋友都会以各种方式参与，最普遍的方式就是送红包。红包送多少，取决于多种因素：一是事情的重要程度，当然重要性由他们的价值观和习惯来判断，比如生男孩比生女孩重要，因此，凡是生男孩，就会有大的宴请，亲朋好友送的红包就多一些，如果是生女孩，请客范围就小很多，参加的亲朋少许多，送的红包也会少一些。另一个判断标准则是关系的疏密程度，越是亲密的亲戚朋友送的红包越多，反之亦然。一般来说，血缘比姻缘亲密，地缘近的比远的亲密，结拜兄弟比同学战友亲密，所以他们送的礼金或礼物也就差别很大。人情往来是社会联系的象征，人们总得通过一定的方式来体现他们的社会联系。发生重要事件，亲朋好友送礼来，当事者就得好好招待，一般都是在酒店摆下筵席请大家吃饭喝酒，所以，巴黎温州人经常在酒店里请客吃饭，经常有饭局，特别是位于巴黎美丽城的几家好一点的中餐馆，生意很好，经常有人在那里摆筵席。当地的一些抢劫者也摸清了温州人请客吃饭送礼这套门路，因此经常聚在这些中餐馆门口，等温州人酒足饭饱出来时实施抢劫。特别是温州的女性，不仅力气小，而且戴金穿银，拎着名牌包，包里还有现金和各种细软等，因此频繁地成为被抢劫对象，甚至还出现重大伤害事件。尽管如此，温州人还是频频为他们认为的重要事情而聚会。这无疑增强了他们的内聚力。与此同时，人情往来也是衡量一个人社会联系圈子的标尺，如果人情多，说明他（她）有人缘，社会联系圈大，而人情少，意味着社会联系圈子小。社会联系圈的大小，对他们来说非常重要，一方面表示一个人的社会地位高低，另一方面表明一个人拥有的社会资源或资本多少。社会联系圈越大，社会地位越高，拥有的社会资本或社会资源越多，办事情就能获得更多的社会支持，反之亦然。所以，不少温州人都会有意识地去结交朋友，扩大其社会联系圈，在这一点上，他们比在国内更为在意和热衷，所以舍得去送人情。

经济合作是维系和扩展社会联系的另一种方式或者机制。温州人有经济合作的传统。改革开放以后温州人是中国最早搞起股份合作经济的，他们先是在家人、家族、亲戚朋友之间开展经济合作，然后渐渐地扩大，可以说，没有民间的合作，就没有温州经济。巴黎温州人也是如此。我们在上一章分析和讨论他们的经济行为时就已经展现了这一点。这里从社会联系的角度再加以阐述。在20世纪80年代和90年代，巴黎温州人的经济合作主要体现在台会上，或者在家族人员之间合作，进入21世纪，随着经济规模的快速扩大，他们放弃了原来简单的筹资合作，而迈向更为复杂的参股合作经营。早在20世纪90年代，已经有一些巴黎温州人结伴回中国合作投资办企业、买房子、开店等。那时候，中国国内各地在开展招商引资"大赛"，华侨华人成为各地政府的座上宾。在这样的背景下，巴黎温州人往往以华侨组织的身份组团到国内一些地方投资做生意，往往是合作投资（当然也有单独投资）。裘花和自己的兄弟姐妹在国内投资房地产，她老公还与其他朋友在深圳建厂生产服装。进入 21 世纪，巴黎温州人也开始在巴黎合作办公司，如王胜与汤华合作开发商铺店面，王静与他的 6 个朋友先开家具店，后开设店面设备销售店。当然，经济合作涉及利益分配，就有可能会产生矛盾，比如晓尚等人参加某位朋友的合资经营，不到两年，这项经营难以为继，出现亏空，就存在如何分担的问题，在解决过程中产生了一系列矛盾，有的人认为牵头的人应该承担主要责任，因为没有看准这个项目的市场前景，有的人认为应该共同分担，不一而足。他们之所以合资经营，是因为有较好的关系，彼此有信任，大家平时做事都比较负责，经济条件都还不错，因此，尽管产生了分歧和矛盾，但他们还是依据先前的信任和人情，最后圆满地解决了，这反过来会巩固他们的关系和信任。他们并没有就此停止经济合作，后来他们又出资投资另一个项目，目前运作很好，收益比较高。当然，参与经济合作的人都有相当好的经济实力。而多数人还是没有这样的条件，他们能过着较宽裕的生活就不错了，他们更多的是通过礼尚往来维持他们的关系。经济活动在一定程度上改变了原来的社会联系圈，使得有些经济圈比亲缘圈、地缘圈更紧密，并且社团圈也成为经济圈。

还有一种维系、拓展、建构社会联系的方式就是宗教活动和社团组织。有关宗教活动将放到第五章来讨论，这里要指出的是，巴黎温州人中有很大一部分的人参与宗教活动，通过宗教活动建立了他们的社会联系。他们或信仰佛教，或信仰基督教，或信仰天主教。其中信仰佛教的人占多数，主要传承于中国国内传统，其次是信仰基督教，温州号称"东方的耶路撒冷"，信仰基督教的人比较多，有少部分人信仰天主教。他们在宗教活动中，结成了亲密的社会联系。参加基督教或天主教的人以"兄弟姐妹"相称，特别是同一团契的人更加亲密。参加佛教的人虽然没有这样的称呼，但关系也比非信众亲密。他们不仅参加信仰活动，而且由此会衍生出其他社会联系，比如相互借钱，参加彼此的重要事情，还组织外出旅游，等等。这些活动进一步密切了他们的关系。特别是在基督教徒和天主教徒中间，通常主张不与非教徒结婚，而力主与教徒结婚，所以，由此衍生出宗教内婚姻，反过来强化了他们的社会联系。晓尚是信佛教的。可他老婆是虔诚的基督徒，并在参加教堂礼拜仪式中与另一个教徒认识，由此他们把自己的子女介绍给对方的子女。于是，晓尚的儿子娶了他老婆教友的女儿。这样就更加拉近了信徒之间的关系。当然另一种情况是，有的人被亲戚带进宗教殿堂，在巴黎温州人的教堂活动中，会看到许多人都是与七大姑八大姨一起参加礼拜活动。当然，佛教活动相对松散一些，但在做佛事过程中他们也形成了各种志愿者组织，轮流帮助清理佛堂，还给其他信众烧吃的送喝的，由此也加深了彼此的联系。所以，宗教活动不仅是信仰的表达，更是社会交往、联络和沟通的平台或者渠道。

虽然教堂和佛堂都属于社团组织，但是它们有着很明显的特点。因此，这里将其视为例外来看待。这里的社团组织主要指商会、协会等。下文专门讨论它们。社团最能体现社会联系的特点和程度。

第二节　社会组织

如果说社会联系是社会空间的经纬的话，那么社会组织是社会空间的板块。板块之间以及内部有各种的联系，当然内外联系密度是很不相同的。作为社会人，巴黎温州人也生活在各种社会组织之中。有组织的生活与没有组织的生活还是有很大的不同。在调查中，我们发现，巴黎温州人在他们出国前，除了村委会或者城市的单位外，没有像出国后那样有那么多的社会组织生活。那么，为什么他们会在出国后突然有参与正式社会组织的积极性和动力呢？他们又是怎样管理和运作社会组织的呢？这些问题令笔者很感兴趣。通过深入的观察、访谈和分析，我们可以看出，社会组织成了他们寻找、建构自己的社会空间的重要方式和机制。

先来看看，巴黎温州人究竟组建了什么样的社会组织。他们的社会组织不外乎这样几类：同乡联谊组织、行业组织、维权组织、文化组织、治安组织等。表面上看起来，它们之间有很大的差别，比如文成同乡会与商会有很大的不同，但事实上它们的功能相差不大，都是为了老乡有个交往的地方或平台，背后也会隐藏着更多的功利需求。最令笔者感慨的是，在过去18年时间里，巴黎温州人的经济有了明显的变化，但他们的社会组织不论从形式还是内容、运行方式都没有任何变化，保持着强稳定性。

目前，巴黎温州人的同乡联谊社团相当多，也是最为重要的社团。华侨华人会是以温州人为主体的综合联谊组织，规模最大、影响也最大；其他同乡联谊组织有温州华人会、文成同乡会、瑞安同乡会、永嘉同乡会、青田同乡会、瓯海同乡会等，甚至一个乡镇来的人也会成立自己的联谊会。其中温州华人会主要由来自温州市区的华侨华人组成，文成、瑞安、永嘉、瓯海等是温州下属的县市区。青田县虽然不属于温州地区，但是与温州相邻，并且在历史上曾属于温州管辖，因此他们无意中都将自己视为温州人。笔者在本书中也把他们归类为巴黎的温州人。这里重点解剖一下法国华侨华人会的情况。

法国华侨华人会是巴黎温州人在欧洲大陆最早成立的华侨华人社团，其前身叫旅法华侨俱乐部，这个叫法在一些老华侨华人中依然通行。1964年，中法建交不久，老的一代温州人联合当时在巴黎的其他华侨，成立了旅法华侨俱乐部，并在俱乐部里升起中华人民共和国国旗。许多老的巴黎温州人对此感到非常自豪，他们说，这个社团不仅是最早出现在欧洲大陆的华侨华人社团，而且是在欧洲最早升起国旗的华侨社团（不过笔者在荷兰调查时听到过荷兰的华侨华人社团是最早升起中华人民共和国国旗的说法）。这个组织的创建与中国政府的支持分不开。它有自己的社团财产，那就是巴黎温州人集资在巴黎 3 区庙街购买的办公楼。这是一个综合性华侨联谊社团，会员来自各个行业和领域，由于早期就是以温州人为主，因此一直延续到现在，依然是以温州人为主。

进入 20 世纪 80 年代特别是 90 年代，越来越多的温州人进入巴黎，旅法华侨华人俱乐部（即现在的华侨华人会）不足以满足越来越多样的需求，比如有一些人想进入却被挡在外面，有一些人想当侨领而不得，加上内部存在一些分歧、纷争，以及同一个县甚至乡镇来的人越来越多，因此，就有人或者从华侨华人会中分离出来另组建新的社团，或者就以县域和乡镇为单位组建联谊社团，或者则以行业的名义组建社团，等等。于是，青田同乡会、文成同乡会、瑞安同乡会、永嘉同乡会等先后成立，尤其是青田同乡会是最早从华侨华人会中分化出来的。

随着温州人经济的不断壮大，温州人从事的行业也逐渐增多，从传统的"三把刀"行业（菜刀、皮刀、剪刀，对应的是餐饮、箱包和服装行业）向商贸行业发展，不同行业的温州人渐渐地需要自己的组织，各种行业协会或商会纷纷成立。目前至少有餐饮协会、服装协会、鞋业协会、进出口商会，等等。如法华工商联合会、法国经贸协会、中法友谊互助协会、法国进出口商会、法国华人鞋业协会、法中商贸会，以及法国外籍兵团退伍军人会等，这些商会或协会在很大程度上就是这些行业中的温州老板的联谊组织。

还有一类组织就是维权社团，这与温州人获得合法化的需求有密切关系。20 世纪 80 年代和 90 年代，温州人以各种方式（主要是以各种偷渡方式）进入法国，其中有不少人没有合法身份，俗称"黑人"（非法身份者）。只有获得合法居留权，他们才能在法国拥有发展的空间。特别是有不少温州人或者携家带口非法进入法国，全家都没有合法身份，或者有一些温州人来到法国，虽然是非法的，但是他们却照样生孩子，孩子也是非法的。在非法移民中，温州人不算多，最多的来自非洲和中亚。由于身份的非法，他们享受不到法国的基本权利。于是，有一些法国人认为法国政策不合理，应该让所有非法身份的移民合法化，尤其要解决那些非法的未成年人的合法问题，因此成立了为他们维权的组织，而其中最有名气的是第三团体、98 团体和 2000 团体。温州人主要参与第三团体。虽然第三团体并不属于华侨组织，但是它帮助不少温州人获得了合法身份。一些温州人参与了这个组织。第三团体成立于 1993 年，是当时唯一一个关注和帮助国外移民的本国团体，由几位在法国比较有影响力的社会人士、学者发起。当时，许多温州人都没有合法身份，但是无论是中国驻法大使馆还是"旅法华人俱乐部"都不能帮助解决他们的合法性问题，于是他们求助于第三团体。与此同时，非法移民问题对法国非法移民本身和法国社会都有较大负面影响，也不符合法国"自由、平等、博爱"的价值观。第三团体应运而生。法国政府面对非法移民问题，更愿意跟组织对话，而不是面对一个个的个人。第三团体不定期地组织大规模的示威游行，提出让非法移民取得合法身份、家庭团聚的诉求，引得大批温州人参加游行。参加如此大规模的示威游行，对这些温州人来说是首次，以前闻所未闻，难以想象。一个曾在国内当过乡长的老人告诉我说，到了法国才学会怎样合法示威游行，连非法的外国人都可以参加，这是他以前所无法想象的。虽然第三团体没有正式注册，不是合法组织，但是在法国的政治斗争中，当时右派政府执政的时候，左派为了上台，为了得到更多支持，基本上默认第三团体。后来左派成功执政，出台了移民家庭团聚政策，使不少温州移民得以合法化。当时中国人中有一千多个家庭（基本上是温州人）申请团聚，98% 都通过了，甚至有些单身的都拿到了。经过了这次合法化之后，第三团体的使命基本完成，因此就宣告解散了。当然，对第三团体的作用以及为什么解散，也有不同的看法：

> 伊萨贝勒等人成立了一个帮助无证移民争取合法居留的组织叫第三团体。第三团体的成员争取到居留后，就不参与第三团体的活动，不帮其他人争取，于是这个团队就解散了。而这些成员又去成立法国融入友谊会。第三团体是国际性的，帮助的不只是中国人，其解散的原因不清楚，可能是不同族裔有不同的矛盾。法国办难民证，第一次申请不成的话，接下来申请会很难的。第三团体帮助的对象也是有选择的，帮助对象一般是基于家庭式的、生病的、贫困的等各种原因的申请者。法国国家政策也有规定，帮助那些最需要帮助的人。申请了很多次，8 年后才申请到，最后也是通过组织申请到的。政府喜欢移民组织，因为有组织的移民好处理好接待，政府乐意承认移民组织，通过移民组织去办居留证比委托律师更有效。开始是工会支持这些团体，在法国工会力量很大。（王铭的访谈）

但是，一些参加过第三团体的温州人另外组建了中法友谊互助会，继承了第三团体的互助精神和价值理念。

尽管这些社团的叫法不同，有的是商会，有的是协会，有的是同乡会等，但是它们所从事的活动大同小异，而且在过去十多年基本上没有什么变化。这些社团的活动不外乎这样几项。一是成员之间交流、沟通，蓄养社会资本，增加感情。每逢重要节日，比如春节、中国国庆、中国的中秋节等，社团都会举行一些活动，但大多是聚餐，当然也会举行一些娱乐活动，如唱歌等。一些社团在春节期间还积极筹办和参与巴黎的舞龙活动等。社团成员之间还有人情往来。黄生对参加社团是这样看待的："我是 1987 年来法国的，热心参加各种社会活动，1993 年参加创立法国华人工商联合会，该会成立的时候吸收文人、学者、律师、会计师。当时，我们在浙江人里是成立比较早的一家社团，最早的是华人华侨会。为什么叫法国工商联合会，夏会长也是会员，我在里面做了13年退出来了。这个名字比较广泛，不要有某个地方范围限制。现在大陆来的华侨成立的协会有70多个。每个大陆来的华侨，都想有个协会。我是抱着这样的想法加入协会的（因为我原来在国内是单位出来的。我是温州地质十一队出来的，原来是搞测绘的），我是为了交朋友，其实协会就是朋友会。"

> 90年代演变为法国华侨华人会，主要功能是为老人、孩子上法语课，教育、纸张以及与大使馆联系，这是最大的协会组织。下面，还有很多地区性的、行业性的组织70多个。各种协会的功能是一样的，接待、交朋友。原因是我们这些人的受教育程度比较低，诉求也比较低。比如，我们还有医师协会，它们的功能就不一样。我们这个协会的功能，不是要做进出口贸易，在这里我们能到找到一种归属感，与国内官员拉上关系。主要的好处是搭建一个交流平台，然后私下里再建立非正式的联系，交流贸易、政策等信息，如何合理避税等。行业整体的信息和政策是没有的。（晓尚的访谈）

在黄先生和晓尚看来，工商联合会就是为了交友而成立的，在工商方面的作用似乎比较小，或者说这是一个由从事工商的人成立的交友会。当然，这并不否认社团的经济功能。

社团的另一项活动就是经济合作，但并不是所有的成员都会参与合作，而是内部有更亲密的圈子会联手投资一些项目，尤其是到中国去投资。比如某社团的十多位成员联合到中国中部某城市投资兴办娱乐会所，以前生意非常红火，但最近并不好。这些合作者原本关系就不错，因此就加入同一个社团，然后以社团的名义去合作投资做生意。与此相对应的就是，社团非常看重对国内各种政府代表团的接待，据笔者观察，凡是国内政府代表团来到巴黎，就有不同社团出来接待，接待的内容有：举行欢迎宴会，凡是成员都要参加，有的社团以购买门票的方式进行；开车带代表团观光采购等。他们之所以热衷接待，目的是要搞好与国内的地方政府和官员的关系，为社团在国内经商投资铺路，而且也为获得国内的政治地位而努力。

> 从广义上讲，协会就是互助会，包括文化和商贸方面的友好交流。现在各个协会发展广泛，各种行业协会都有。国内也比较重视。过去当协会的会长、副会长到国内可以得到比较高的政治待遇，可以得到项目。但现在不行了，要凭能力和实力。协会在团结方面有待加强。（黄生的访谈）

有不少温州人之所以加入社团，就是想在社团内谋得一个比较好的职位，比如副会长、会长，然后用这样的头衔到国内，可以享受侨领待遇，对于他们在国内投资做生意大有裨益。一些行业社团在规范自己行业行为上基本上没有什么作为，甚至可以说也不知道怎么做，比如如何防止行业内部恶性竞争、如何提升行业品质等，几乎是缺位的。

巴黎温州人社团还有一项重要功能就是举办华文学校。在 18 年前，只有一两个社团有华文学校，它们都在周末或假期上课，聘请在法国留学的中国学生教授中文及相关的基本知识。当时来学习中文的孩子不多，许多来学中文的孩子都是在父母强制下来华文学校学习的。但是，十多年过去，情况发生了明显的变化：越来越多的社团兴办华文学校，来学习的学生也越来越多，听说不少学生是自愿来学习的，也有更多的家长要求孩子学中文。这里背后的原因就是中国在过去十多年经济获得快速发展，为巴黎温州人和其他华人提供了越来越多的赚钱机会。因此，他们越来越重视中文学习，也增强了对中国文化和传统的自信心，甚至连一些法国人也将孩子送到温州人社团举办的华文学校学习中文、书法等。华文学校虽然受到中国侨办的支持，但是不论在教师质量、教学设施、课本还是在相关教学资料等方面依然有许多问题：比如许多教师都是留法中国学生，他们并不擅长教学，更不擅长中文教学；课本内容与学生的生活、社会和文化环境相脱节，激发不起学生的兴趣；其他教学资料就更少。更关键的是社团办华文学校，还受制于资源有限，办学者也不懂教学以及相关管理，等等。不管怎样，社团与华文教育有着内在的联系，华文教育不仅是巴黎温州人对教育的功能需求，而且也是他们从中国带来的文化基因。因此，社团对华文教育非常重视，承担起教育的公益功能。这有助于提升整个族群的文化凝聚力，巩固其族群生存和发展的文化基因。

不少巴黎温州人在来巴黎之前几乎没有自己组建社团的经历，而在法国则体验了自我组织化，这得益于法国提供相关的制度空间。也就是说，在法国，登记一个社团是相当容易的，履行的手续非常简单。所以，有一些温州人在原来的社团中感觉得不到自己想要的位置，就出来自己组建新的社团，以至于他们自己也开玩笑说，他们中那么多社团，其中不少都是父子、兄弟或者夫妻组建的社团。当然，笔者还没有遇见过这样的组织，但是确实发现从一个社团分裂为多个社团的情况。不论是行业协会还是同乡会，对巴黎温州人来说都是一样的社会组织，它们的功用相当于中国国内的村委会、居委会或者单位，笔者称之为"拟村落化"组织。不少人在中国曾经历过村落生活，对村组织有很深的印象甚至留恋。他们来到陌生的法国社会，虽然有亲戚朋友可以延续他们在国内的社会圈，但是他们缺乏像在村委会中那样的社会身份或政治身份，因此，他们就组建各种协会、商会和同乡组织，这些组织实际上起到了村委会的替代作用，除了没有集体产权和经济外，它们几乎具备了村委会的各种功能：身份地位、社会归属、社会交往以及经济合作等。在巴黎温州人群体内部，并不是所有人都能组建自己的社团，也不是所有人都能加入社团组织。加入社团组织，在群体内属于较高地位的人，尤其是能担任社团会长或副会长的人，至少在经济地位上都是相当高的，那些能够自己组建社团并能吸引一些人加入的人，足以想见他们有着相当大的号召力和社会权威。加入一个社团，需要交会费，如果当会长或副会长，缴纳会费更多，尤其是要当一个大会的会长，要缴纳的会费至少在 5 万欧元以上，即使你能缴纳这样高的会费，也不是一定能当得，因为还有其他社会资格的较量。社团内的位置在很大程度上表明自己在巴黎温州人圈子内的社会地位。在不少礼团，竞争会长是很激烈的，很像国内竞选村委会主任，也会出现各种竞选方式和做法，包括贿选甚至斗殴等。某会最近换届选举，两位候选人竞争激烈，在投票当天，各自把自己的支持者拉来，准备搏斗一番，引得巴黎派警察来维持秩序。有温州人说，这简直像黑社会。当然协会肯定不是黑社会，但是一些做法超出了正当的规定。

当然，巴黎温州人社团在过去十多年中并不是没有一点变化，除了数量增加外，至少还有这么一些变化：与法国社会的交往有所增加；出现治理型社团；第二代组建自己的社团。以前巴黎温州人人数少、经济实力不够，更主要的是中国在法国乃至欧洲没有很强的影响力，所以，法国政府并不是很重视温州人的社团，而今大不一样了。至少有两个活动会跟社团有关：每年春节巴黎都会举行舞龙灯等迎春活动；另外，春节时法国总统会在爱丽舍宫宴请华侨华人代表，以表达法国政府对中国的重视。当然，法国也会有其他一些活动邀请一些温州移民参与。能否参与，跟能否参加社团以及在社团里的任职直接有关。每年一度的巴黎舞龙灯活动主要是由一些温州人社团（当然东南亚华人社团也参与）与巴黎 3 区政府合办的；爱丽舍宫宴请主要也发给华侨华人中的名人，他们都是社团的骨干。参与法国社会的活动也有助于提升他们在自己社群内部的声望和地位，也可以提升他们在中国的地位。

社团的另一个变化则是向治理方面发展。由于巴黎温州人在奥贝维耶勒办起了商城，与此相伴而来的是社会治安问题。以前经常出现有人公开抢夺温州人的各种包或金钱的事件，在美丽城也经常发生类似的事件。抢劫发生后，警察破案并不积极认真，当然也有一些案件确实不容易破获。对此，温州人很不满意，曾经举行多次"反暴力、要安全"的游行抗议，但效果并不好。于是温州人或者联手当地政府，或者自己组织起来，实现自我保护和治理。奥贝维耶勒商城的商家组织了一个治安联盟，专门设立了一个办公室，还雇请了一个专职秘书，从事日常接待、情报收集工作。由于自组织没有权力履行治安工作，因此，该联盟没有在法国注册登记，他们担心这样做违法，只能偷偷地做。联盟的工作主要有两项：集体报案和安装电子监控设备。联盟专职秘书在办公室里对笔者说："我负责日常的一些工作，对于为什么要成立联盟？联盟这种做法是否符合法国的法律？联盟内部的架构是什么？我不能代表联盟发表意见，你可以去采访联盟秘书长。联盟成立后，我的一个工作是，通过网络、手机跟商家联系，叫他们提供一些治安信息，我自己也去收集有关信息，把一些重要信息发布在网站上，尤其是放在华人街网站上，如果是紧急的信息，就通过手机群发，告诉商家做好防范。还搜集一些证据，以证明盗窃者或抢劫者的犯罪行为。另外跟警察事先联系，然后叫受害的商家集中报案，这叫'集体报案'，实际上还是每一个商家独立报案，只是事先预约了，报案受理容易一些。在法国，警察也不希望在自己的管辖范围经常发生案件，因此有时候有些警察就把一些小案件不当一回事，甚至不受理，把一些大的案件当作小案件办，这样就会伤害受害者。所以，如果有一个联盟收集信息提供给警察，警察也不敢轻视。尽管联盟没有权力搜集证据，但是如果提供给警察，警察还是很重视的。"他还介绍联盟的另一个功能："治安联盟还要做的一件事就是安装摄像头。中国商家都愿意装，只有法国商家不太愿意，要做好这个工作不容易。"他说，摄像头也不能随便安装，只能朝着商家店铺安，不能朝着公共场所安，否则是违法的。实际上，治安联盟不能搜集犯罪信息，联盟只能以"集体报案"的名义行动。他们想学在中国国内的做法，但在法国受到法律限制，只能在有限的空间内参与治理。治安联盟还受经费限制，商家对这个联盟是否能长期坚持下去，并不看好。正如一位参加联盟的老板说的："现在治安联盟有 2 个半秘书，每个月要给他们 4000 欧元的工资（其中 2 个秘书每人每月 1500 欧元，半个秘书是田岭，每月 1000 欧元），另外每月还有电话费、电费等开销，一年下来没有 5 万欧元是不行的。另外安装电子镜头，要花 8 万元左右。治安联盟成立的时候，集资了 13.5 万欧元，正好够一年的开销，以后的钱还没有着落。按他的想法，实行经理商业化、专业化的模式，那些出钱的人哪有时间去做治安联盟的事情，应该聘请专业化的经理专职去运作，才能将治安联盟做好。他也不知道能否实现这个设想。"

与此相应，在美丽城，温州商家团结其他族群商家，并联合当地政府，组建了商家协会，试图防治各种犯罪活动。那里还有温州商人与一些法国人联合成立的中法维权协会，这个协会曾参与组织"反暴力、要安全"示威游行，还帮助一些温州商家维权。该协会的发起人是一位法国人，他的老婆来自中国南京，现在在美丽城开一家中药店（由于法国没有让中药合法化，因此她的店对外说是营养品店）。这位女老板介绍她老公如何通过维权协会帮助温州人："比如上次，77 区的餐馆事件。一个能容纳 300 多人同时就餐的中餐馆，刚开业几个月，有人诬陷老板，说这个餐馆装修的过程中发现一个小孩骨头，老板直接将其扔到垃圾桶了。因为这，就报警了。警察来了挖地三尺，没找到任何东西。根本没这事。但是，警察抓了3个黑工。事后，虽然是冤案，但是警察不给平反，就慢慢审吧，反正抓了3个黑工。我们正好认识这个老板，老板是温州文成的，我丈夫马上去帮他家，建议他们家和警察打官司。我丈夫帮他找律师，所有材料都是我丈夫帮忙整理，老板不懂法文。老板的装修成本核算下来是30万欧元，后来官司打赢了，警察局赔了老板30万欧元。当时，这个事件报纸也有登，主要参与者是我丈夫、参赞、律师。这件事是华人第一次和政府、警察打官司，而且打赢了。这是一个比较大的事件。还有许多其他的事情。现在参赞换了，很多事情也没有人去找了，所以这边的事情也不是很多了。"实际上第三团队也是这样的维权组织。维权组织在很大程度上都是由法国人发起、巴黎温州人参与的，很少是由温州人自己组建的。

另一个新的变化是第二代巴黎温州人开始以自己独有的方式组织起来，在法国社会中发布自己的声音，以维护华人在法国的社会形象和权利。随着在巴黎乃至法国以及欧洲的华人越来越多，当地社会和媒体对华人的戒心也有所增加，一些媒体可能会夸大华人的一些缺点，甚至还捏造一些事件丑化华人形象。南欧某国曾诬蔑说一些中餐馆用人肉、狗肉做菜等，引起当地华人的极度不满和抗议。法国虽没有出现这样恶劣的做法，但也有媒体说华人群体在从事洗钱、贩毒等犯罪活动，引发了华人的严重抗议。一些第二代温州人利用他们懂法语、了解法国社会的优势，对一些诬蔑华人的媒体展开交涉、抗议等活动。他们成立了法国华裔协会，这个协会与其他温州人协会不同的是，专门去向法国媒体介绍在法国的中国人的真实情况，并与各种偏见和诬蔑做斗争，每个会员的地位是平等的，每人只需缴纳50欧元的费用。黄洁就是这个协会的发起人之一。他虽然生在中国，很小就被父母带到法国，从小学就开始学法语、法国文化等，在法国上了大学，毕业后考取律师资格，自己兴办了一个律师事务所。关于他发起和参与这个协会的原因以及采取的相关行动，他说："从小老师对华人都特别好，因为华人小孩比较聪明、老实、听话。而且一般法国的中小学老师都是左派，所以对外来移民，尤其是中国人都很好。同时，中国文化对法国人也很有吸引力，大家认为我必然了解中国传统文化知识，所以会问我孔子、老子的话，等等（其实我也不清楚）。也有人对中国看法不好，比如会说中国人吃狗肉，会讽刺，而且随着中国在慢慢强大，对这里的中国人有好的影响也有坏的影响。比如有人说中国衣服店里的服装质量不好，曾经有对母女在中国衣服店里买衣服的时候看到一件很不错的衣服，标价 100 欧元，母亲就说：'中国货还要 100 欧元，太贵了！'这是偏见。法国人认为中国货，比如衣服、食品都不好，媒体和记者也持这样的看法，说中国卖假货，电视里都会报道中国的假烟、假药事件，还会说中国用童工，不民主、专制等。对中国的负面看法很多。看到这些说法和报道，我就会不高兴。因此，朋友们在一起成立了'法国华裔协会'，来向法国表达、展示真实的中国。安全问题：华人在华人区会被抢，因为对方认为华人一定有现金，而且不会报警。这也是一种偏见，他们不了解中国人，不知为什么那么多中国人会开店，也不知道为什么那么多中国人会赚到钱。不知道中国人有多么勤奋努力。"

他还谈到了法国华裔协会做的事情、协会的特点以及与其他重要方面的关系。他说："去年（2012 年）有个杂志，出了篇文章说中国人在法国很奇怪的成功方式：偷税、黑工、黑社会、偷渡、妓女，等等。我们协会通过另一个合作协会去告他们种族主义，他们说中国人都这样，其实这不是事实。今年 12 月会判决，我们的律师说胜算很高。我们的要求有两个：第一，在第一版登出判决书，让读者都知道他们被判输掉；第二，以后不能再发这样的文章。我们的合作协会是一个大协会，搞了很多活动。我们的协会比上一代有更多能力和法国打交道。现在上一代的协会都是经济上的协会，他们为了自己的利益、声誉、关系，在自己的圈子里搞活动，而且近年来出现了华人的报纸、网站，不断搞华人的活动，但他们没有想过与法国政府、媒体沟通，而且他们有语言限制，并且认为这是没必要的。他们这么想是错的，我们需要与法国的政府和媒体打交道。我们的想法是：更好地与法国政府、媒体沟通；更好地与长辈们沟通，让他们知道他们的经济能力可以让我们做得更好，能够更好地与区长等政府官员沟通，让他们知道我们华人不仅能与国内联系，也能与本地做到更好的联系。其实他们也知道政府，尤其是税务局会特别查中国人的账，这是因为他们看了报纸、杂志上面对中国人偷税的报道。所以他们也希望有法籍的华人参加选举，让法国政坛知道华人是一股政治力量，主要在地方选举中有力量。"

法国华裔协会代表着年轻一代的巴黎温州人的组织方式和价值理念。这个协会与老的协会比，更注重内部平等，会员费一律都 50 欧元，如果大家聚餐，实行 AA 制。"协会有 1 个会长，1 个副会长，1个会计，1 个秘书长，十几个常务理事，所有参加者每个人交 50 欧元会费，一般的活动都不需要钱，一起聚餐的话各付各的，特别的活动政府会给经费，比如辅导刚来的小朋友学习法语等活动是政府出资的，我们在其中可以起到榜样的作用，让小朋友们看到以后可以变成这个样子。会员大多是大学学历，或者大学在读的学生，第 1.5 代、第 2 代会比较多，大家用法语进行交流，会长由选举产生，2 年选举一次，可以连任 2 次。我们协会有人员变动，有人会离开，也有新人会加入。做协会是很有成就感的。我们协会没有办公地点。协会每月第一周的周五会有一个聚餐，是开放的，大家都可以来参加，也可以带有意愿参加的朋友来，每次十几个人。"协会的主要功能就是与法国社会进行沟通，维护华人的形象，增进法国人对华人的了解。"10月的活动是请了一个法国导演来交流，这个导演拍了一部关于中国的纪录片；还有一个讲亚洲人在法国的历史的片子会来放映，会请导演来交流；9月27日与11区区长一起搞一个活动来庆祝中秋节，也是关于电影讲座交流的活动。我们还会组织游行之类的活动。"这个协会与老一代的协会交往很少，也不愿跟他们来往，与中国使馆的关系也比较疏远，"去年有联系，我们听说使馆有个协会的名单，我们去年进入了这个名单，以前都没有进入。我们不想跟使馆有太多的关系，因为关系太紧密会影响我们与法国媒体、政府的沟通"。法国华裔协会的成员都是第2代或者第1.5代巴黎温州人，他们与第一代在观念上有着明显的不同，不想与中国使馆有紧密的关系，而宁可保持更大的独立性，由此可以更好地维护华人的权利和形象。

　　尽管在过去十多年中巴黎温州人的社团数量有所增多，更加关注维护自己的安全、权利等问题，出现了少数维权社团或组织，年轻一代长大后开始组建新的社团以维护华人的形象，显露出巴黎温州人在组织上适应社会经济乃至政治条件变化的态势，但是，巴黎温州人的绝大多数社团似乎没有明显的变化。不论是同乡会，还是各种行业协会乃至治理社团，它们并不是专业化或行业性组织，而是综合性、多功能的社会组织，具有拟村落化或者家族化特点，是温州人在异国他乡建构的社会空间。如果说他们的各种社会联系是生活的总体空间的话，那么社团或协会则是将其中的一些社会联系作进一步凝聚，经过组织化而变得更加稳定，其功能在于服务温州人的经济需要、交往需要、社会地位需要、安全需要等。当然，社团也成为巴黎温州人内部分层的一种重要机制：社团成员资格是社会地位的标志，如果称为社团的高层，那么其社会地位就更高，而那些不能进入社团的巴黎温州人绝大多数处于其族群内部的底层或者边缘位置。

　　与此同时，社团也成为连接中国、巴黎温州人群体和法国社会三重空间的重要机制。更具体地说，在巴黎温州人中间，能加入社团并在社团中担当一定角色的人，则依托社团，与中国和法国社会有了沟通和交往的机会。凡是在社团中担任的职位越高，他们就有能力和机会跨越不同的社会空间边界，在中国、法国与巴黎温州人群体这样的三重空间中游刃有余，成为巴黎温州人中的上层。或者社团能帮助它们的成员尤其是高层人员从三重空间中获得更多的资源、机会和其他利益，由此反过来使自己变得更有社会地位。

但是，由于巴黎温州人的社团缺乏专业化、行业化特点，从而也限制了社团在规范行业以及与法国同类组织的交往，或者说，它们连接法国社会的方式和机制是非常单一、有效的，缺乏全面开放性。由于温州人的许多商会或行业协会不具有行业规范、劳工纠纷仲裁功能，因此，它们很难与法国社会相似的协会或商会连接、交流，除了温州人的中餐协会加入法国餐饮联合会外，几乎没有其他商会或协会加入法国相关的联盟或联合会。与此同时，现有的社团与法国社会的连接大多是通过中国驻法使馆或者与当地政府办一些与中国有关的活动（如春节联欢等）进行的，而很少在其他方面主动对接法国社会。比如，在巴黎某区，有20多个外国人团体成立了移民社团联合委员会，曾邀请中国人参加，但是一开始有五六个中国人代表社团参加，但是没过多久，只剩下1个人参加。这样的委员会每个月召开一次会议，讨论移民面临的困境以及向政府提对策建议。比如，这个委员会曾讨论那些刚刚来到法国的移民所面临的语言问题，因此向当地区政府提建议，希望能拨钱为那些初来乍到的新移民提供用不同语言编撰的生活手册，后来真的被政府采纳了，委托委员会编写出生活手册，但其中就是没有中文的手册，原因在于中国人参与的积极性不高。有一次，该委员会还讨论如何建立一个为无证者提供服务的协会，并特别讨论了帮助无证者获得免费医疗服务，当时只有一个带笔者去访谈的温州人参加讨论，但是由于语言不行，这个人也没有充分参与讨论。

相比而言，这些社团更愿意参与中国的一些活动。比如，他们经常会为中国发生的各种大的灾害募捐做慈善。当国内发生汶川地震、舟曲泥石流、玉树地震等，几乎所有社团都纷纷捐钱支援。由于向国内捐资，经常获得国内政府颁发的表彰信和奖状，这些都会被社团悬挂在办公的地方。一些社团还为温州的家乡教育、卫生、基础设施捐资，它们也会向国内其他贫困地区捐一些钱，资助那里的贫困学生或贫困老人。这些善行确实增强了社团成员对中国的感情和认同。但是，巴黎温州人社团很少在法国社会捐资做慈善，正如个别温州人所认为的，这种现象不利于巴黎温州人获得法国社会的认可和理解，也不利于巴黎温州人融入法国社会。相对而言，来自东南亚的华人更愿意为法国社会做许多慈善，比如在腊冬参与法国社会向流浪者献粥和衣服，赢得法国社会的好评。曾有一个温州人发动"我爱巴黎"环保行动，试图拉近与法国人的距离，增强他们在巴黎生活的主人意识，但是没有人能坚持下去，当然有更多的巴黎温州人没有参与的动力和积极性。巴黎温州人社团在连接本群体与法国社会的关系上没有发挥很好的作用，说明这些社团在流入国呈现出的内向化特点。

第三节 行动方式

实际上，本章的上面两节讨论社会联系和社会组织运行时已经详细讨论了行动方式。这里对这些行为做一些简练的概括和总结。巴黎温州人在很大程度上依赖于一定的社会联系来确立他们的生存和发展的基础。社会联系究竟是以什么方式进行？这些方式有没有随着时间而发生变化呢？有研究者认为，传统中国乡村的社会联系呈现"关系化"，如费孝通教授提出的差序格局理论和梁漱溟的伦理本位说（费孝通，1999；梁漱溟，2011），都是关系化理论。在费孝通看来，人们会按照与自己关系的远近而采取行动，而这些关系则以水波那样从里向外荡漾开去，离中心越远，其荡漾力度就越小，"每一个网络有个'己'作为中心，各个网络的中心都不同"（费孝通，1999：335）。这就是一种"关系化"的行为方式。而费孝通教授认为，欧美等西方国家则不是以差序格局原则处理问题，而是采用团队方式来对待他人，所以，西方国家的社会联系是一束束的形式呈现，实际上就是一种"类别化"行为方式。梁漱溟的伦理本位思想也如此认为："团体与个人，在西洋俨然两个实体，而家庭几若为虚位。中国人却从中间就家庭关系推广发挥，而以伦理组织社会，消融了个人与团体这两端（这两端好像俱非他所有）。""此种组织与团体组织是不合的。它没有边界，不形成对抗。恰相反，它由近以及远，更引远而入近；泯忘彼此，尚何有于界划？自古相传的是'天下一家'，'四海兄弟'。"（梁漱溟，2011：77，79）温州人从中国的温州到巴黎，而在巴黎又从散居到聚居，随着居住时空的变化，他们的社会联系方式也会受到一定的影响，并体现在他们从"关系化"向"类别化"的转变上。

尽管不少温州人来到巴黎已经有几十年了，甚至还出现了第二代，但是，他们并没有完全放弃"关系化"的行为方式：他们依然以远近亲疏原则与他人打交道，对待关系远近不同的人会有不同的要求和行为，形成不同的关系圈和社会秩序。像费孝通所说的那种以"己"为中心的社会网络依然存在，在巴黎温州人的日常生活中依然发挥相当重要的作用。但这并不是说，这样的行为方式被原封不动地迁移到法国去了，事实上变化是不可避免的。仔细观察发现，巴黎人在行为方式上遵循的就是从关系化向类别化转变的路径：按照不同类别标识去建构他们的关系以及采取行动，比如从事服装生产的温州人与从事餐饮的温州人，会有不同的行业交往圈，会成立自己的行业组织，在某些领域和范围会以组织成员的角色去行动，这就有点像费孝通教授所说的"团体格局"。"我说西洋社会组织像捆柴就是想指明：它们常常有若干人组成一个个的团体。团体是有一定界限的，谁是团体里的人，谁是团体外的人，不能模糊，一定得分清楚。在团体里的人是一伙，对于团体的关系是相同的，如果同一团体中有组别或等级的分别，那也是先规定的。"（费孝通，1999：333）在比较中国国内温州人的同期行为变化时，我们也看到了相似的情况。为什么会有相似的变化呢？其中一个很大的背景就是城市化和市场化。城市化和市场化不同于传统乡村社会，使得个体认识到原来的"关系化"不足以应对城市化带来的社会陌生化和市场风险，于是他们开始了重新组合，组建行业组织和其他协会。当然，这也与法国的市民社会发达有一定的关系。

但是，巴黎温州人在行为上并不是彻底的、纯粹的"类别化"，而是"关系化"与"类别化"的交融。如果是彻底的、纯粹的"类别化"，那么他们应该也参与到法国主流社会的相关协会、行会或者其他组织中，实际上他们没有参加。同时，他们在自己组建的社团中，也是将关系化与类别化结合起来。比如，有的人组建一个社团，成员大多是自己的亲戚朋友。笔者在一个温州人的基督教教堂，发现一些人都是介绍他们的亲朋好友入会，大部分教友都是温州人。那么，为什么会出现这种兼容状况呢？巴黎温州人在"类别化"上之所以走得不远，是因为类别化的局限性在于情感和信任支持不够，同时也难以深入主流社会，在异国他乡，缺乏感情和信任支持，会影响生存和发展，但是仅仅限于"关系化"，则不足以有效地应对专业化、市场化，因此将两者融合，则成了巴黎温州人行为的首选策略。当然，这样的行为方式也构成了巴黎温州人自成一个社会空间，不足以让外部社会所了解，由此会造成许多误解、偏见、歧视乃至冲突。本书最后将会对此做进一步的探讨。

总而言之，在巴黎温州人那里，经济空间与社会空间是相互嵌入的。经济活动要借助内部的社会关系、社会组织得以进行，社会空间是经济活动的后盾：融资、投资、信任、信息传递等基本上都通过一定的社会关系和社会组织进行的。社会空间在经济活动中获得拓展和建构。不少人在中国基本上没有参加过社团，更没有组建过社团，但是到了法国，随着经济活动的拓展，他们明显地意识到社团的作用和价值。但是，社会空间不仅仅是为了经济，而且是他们对社会归属的需要。他们来到异国他乡，从一个熟人社会来到一个陌生人社会，需要重构自己的熟人社会空间和社会归属。在社会空间中，社会联系是按照中国的差序格局原则进行的，其中有的社会联系与中国对接，或者说是从国内延续和转换过来，也有的社会联系是在移民地建构的，特别是随着业缘的不断拓展，新的社会联系也应运而生。社团在很大程度上是移民新需求和旧需求使然，流入地为此提供了制度空间。社团既是强化社会联系的平台，又是建构新社会联系的机制，并且弥补了在国内享受的村落认同缺位问题，确立了移民内部的社会地位等级，具有拟村落化和阶层分化的功效。

第五章

文化空间：寻根与信仰

　　移民族群在流入地社会都会碰到己文化与他文化的碰撞和适应问题，不同理论对此进行了解释和分析。同化理论更偏重于移民要被同化于流入地文化，才能实现社会融合，但是此理论显然没有获得实践的支持。因为移民不可能完全放弃自己原有的文化，而且即使完全被同化，也并不能获得很好的社会融合，所以反过来又强化了移民对自己文化的坚持和传承。文化多元论看到了同化理论的不可行，同时也看到了不同文化对流入地社会有着重要的价值，因此倡导不同文化在共存中获得相互促进的发展。但是文化多元论也碰到不同文化冲突的挑战。那么，不同文化如何实现和睦相处呢？特别是对移民来说，作为少数族群，其自身的文化有什么价值？如何在适应流入地社会主流文化的同时保留住自己的文化？或者说如何在保留自己文化的同时又不与主流文化发生冲突甚至被主流文化边缘化呢？费孝通教授曾提出"各美其美、美美与共"的理念，能否适用于在移民作为少数族群的社会中不同文化的共存呢？本章将进一步从巴黎温州人的文化空间建构中寻找一些答案。

移民在移入国，作为少数族群，需要有自己的文化来支撑。他们的经济和社会活动背后都会烙下其文化的印痕，而他们的生存和发展在更高的层面看，追求的就是文化意义。也就是说，文化是人的价值所在。这里的基本预设是，每个人的日常行为并不是纯粹的经济行为和社会行为，而且还是一定的文化表达。也就是说，每个人都会给自己的行为赋予一定的文化意义和价值，并通过自己的行为来表达自己的文化意义和价值，由此找到自己的人生意义和归属。"文化跟表达的联系仅仅在于，文化是透过人的活动而实现的，是人的活动的结果。这些活动的根本又是在于人要有所表达，表达一个人自己对于世界的认识及其内省的经验。"（赵旭东，2009：2）"对于人而言，文化事实上是他的第二层空气。人没有空气固然会死亡，离开了文化也同样不能生存。"（余英时，2011：49）看过美国电影《根》的人，会更加明白这一点。其他移民群体与美国黑人一样，都非常在意和重视自己的文化之根。中国人号称自己的国家有着五千多年文明历史，他们移民国外难道不重视自己的根文化吗？他们究竟会以什么方式表达自己的这种情怀？他们这样做的现实需求基础又是什么呢？这里用"文化空间"的视角来透视巴黎温州人的文化和生命意义表达形式和机制，以进一步认识中国人作为一个文化族群的特点和行为模式，因为"文化是一个民族的生活方式，主要是精神生活方面的事，如思想、学术、宗教、艺术之类，而关键尤其在'方式'两个字上"（余英时，2011：1）。

第一节　文化与根

在文化空间中，根是核心内容。人们用文化表达他们的生命意义和归依。对移民来说，文化更是他们获得存在价值的依托，当然在异域社会中，他们更体会到文化的差异，更容易用自己的文化去应对面临的困难和挑战，尤其是去化解他们在困境上产生的心理和精神的失落。5000多万分布世界各地的中国移民在住在国或住在地，把中国的文化或者移出地文化带过去，并加以改进，构建了海外的所谓唐人街文化或华人文化。许多中国移民后裔并不认为自己是中国人了，但是他们的潜意识中有着中国文化的基因，他们对自己祖先来自中国感兴趣，他们也想保留其祖先带来的一些文化，以显示他们的生命来源和文化归属，这就是根的含义所在。

有关文化的研究和讨论可以说汗牛充栋，但是，迄今为止，都没有达成广泛的共识，有多少研究者就有多少文化概念的界定，甚至于出现凡是无法说清楚道明白的东西都被当作文化，文化是一个框，什么东西都往里装。正如余英时先生所说的："'文化'是什么？这是很难答复的问题。现在西方人对'文化'这个词用得很滥，人类学家可以分析出一两百个关于'文化'的定义，而且还不完备。""如果我们把文化和政治、经济等并列起来，我们要强调的一点是文化也有它相对独立的领域。"（余英时，2011：1）这就增加了我们对移民文化研究的难度。尽管如此，依然有人百折不挠地去研究和讨论文化，这说明文化不只是一个学术研究的避风港，而且是人们日常生活中难以规避的、不可或缺的东西。笔者在巴黎调查温州人的时候，对此感受相当深。一位年过九十、20世纪30年代去到巴黎的温州人对笔者说："他死后一定要埋到温州去。"尽管他老婆是法国人，他的子女都在法国，他自己年轻时就来到巴黎，在巴黎生活的时间比他在温州老家长很多，但他还是依恋家乡的山山水水，总想让自己叶落归根，死后埋葬在老家的青山绿水间。后来他确实老死在温州、埋在温州。如果说老年人特别是第一代移民有着强烈的故土情结，那么第二代乃至更年轻的移民是否也有温州情结呢？是否也受父辈、祖父辈的故乡情结的影响呢？我们在与一群第二代乃至第三代的温州后裔讨论的时候，发现他们虽然没有他们父代或祖辈那么认同温州或中国，但他们不论在言行还是意识、观念上总会表现出中国人的一些文化因素：他们在日常生活中不时会想到自己来自什么地方，与周围的人有什么不同，甚至有的人说，他们从国籍上是法国人，但在文化上可以说至少有一半是中国人。这不由地让笔者认识到，在移民之中，文化是时时刻刻存在的，而且对他们的生活和行为是有重要价值和影响的。但文化内容很多、很杂，那么对他们来说哪种文化是挥之不去甚至必不可少的东西呢？笔者在与巴黎温州人的交往中，从言行、饮食、观念等方面都感受不到他们与笔者有什么不同，正如开头笔者曾谈到的，到了巴黎温州人聚居区，笔者感受不到那里属于巴黎，仿佛回到了江南的温州小城。他们用温州话交流，吃着温州菜，有着温州人的习俗，享受着温州的民间唱词，有着温州同样的宗教信仰和活动，与温州有着非常紧密的交往，等等。当然，其中最核心的是，他们究竟是什么人？他们自己会不会反思这样的问题："我究竟是什么样的人？""我为什么会是现在这样的情况？"

在与巴黎温州人的接触中，笔者有这样的感受：大家都是老乡，不仅老一代移民还是年轻一代的，都有这样的共识。这就涉及文化归依问题，这就涉及文化与根的问题。现有的研究大多关注文化认同变化与社会融合的关系问题，而很少关注根文化以及根文化的建构问题。有研究认为，华人的文化认同不是一成不变的，在不同时期、不同国家是不同的（Rose Hum Lee，1960；Bernard Wong，2005；黄际英，2003：1908）。这些研究者在一定程度上是不承认根文化的存在的。而另外一些研究则认为，根文化是不利于社会融合的，如在冷战时代，华裔社会学家 Rose Hum Lee 认为，华人要放弃自己的东方文化认同，消除自己的外来群体特色，才能真正地融入美国社会。有人认为这一观点在当时获得了主流社会和许多华人的认可（李爱慧，2010：1909），但也有人认为华人只有放弃自己的文化价值才能融入美国社会，没有带有"屈辱性"（黄际英，2002：1909）。但是，随着 20 世纪 60 年代黑人人权运动的兴起，美国少数裔族群开始挑战美国主流文化，争取本族的文化权利，由此，从文化上开始否定同化论和种族主义。华人的文化认同从原来的"被迫屈从"美国主流社会，而转向寻找中华文化对他们的价值和意义。这又表明，根文化与社会融合并不矛盾，甚至还有助于移民群体在住在国真正确立其社会地位（这是文化多元论的观点）。这些研究尽管角度和观点不同，但它们至少表明这样两点：第一，移民放弃自己的文化认同，在很大程度上是迫于生存环境的压力，比如冷战时代，但这种放弃并不一定是真正的放弃，有可能是一种生存策略的选择；第二，文化认同并不是永恒不变的，但这种变化并不是一种放弃或"抽象否定"，而是一种再建构或"具体否定"，从这个角度我们可以认为，根文化不是一成不变的，而是在建构中得以延续和传承的，但不是完全的断裂、背离和抽象否定，不是所谓的"基因裂变"。实际上寻根是每个迁移他乡的种族不可避免的文化行为，正如余英时所说的："（美国）但是六十年代末期反越战的动乱惊破了一场美梦。七十年代以来，美国各种族（特别是黑人）普遍地产生了文化觉醒，开始积极地寻求自己的种族文化之'根'。寻'根'运动当然也波及亚洲后裔，包括中国人在内。"（余英时，2011：53）

文化的根功能是伴随移民而生的，这里称之为根文化。它是移民的文化基因，潜藏在人们的日常生活行为和各种意识、价值理念之中，有时候并不为移民所意识到的，但是往往在行为中会自然地表露出来，成为一种"生活方式"。并且往往能被来自不同文化的人们所清楚感受、意识到。根文化对与自己同文化的人来说是很正常的、习以为常的，如果背离了它，那就显得非常格格不入，甚至并不被自己族群所认可。

根文化深埋在文化之中，通过文化表象得以呈现，具有深层次性。在文化这个复杂的意义表达体系中，根文化是最深层的意义象征，在很大程度上影响到其他文化意义的呈现和表达，也影响其他文化族群对他们的看法和评价。它主要呈现在家庭关系、人际关系、宗教信仰以及生活价值上。把握了一个群体的根文化，就能真正理解该群体的行为方式以及其他表达形式。

由于根文化深埋在文化意义表达体系中，因此也具有超稳定性。根文化虽然会有不同的表现形式，但其实质内容是一样的，尤其跟其他文化相比，不容易改变，按余英时的观点，即具有"超越性"："现代有些人提出中国史上有所谓的'超稳定系统'，并且想从经济政治结构方面来加以解释。其实专以政治、经济结构而言，在中国史上乱多于治，至少治乱各半，不能说是'稳定'。如果真有什么'超稳定系统'，那也当归之于'文化'，不在政治或经济传统。"（余英时，2011：12）比如饮食习惯可能会改变，许多中国人跑到国外后喜欢上西餐、咖啡，但他们对饮食文化的理解却不是很容易改变的，他们即使吃西餐，也会用华人的眼光去看待，而不是用西方人的视角去理解，华人请客的方式和含义就不同于西方人，这就是说华人的一些基本文化要素（比如对家的看法、对人际关系的看法、老乡观念，等等）不容易变化。这种超稳定性并不意味着完全没有变化，即使像文化认同那样的根文化："认同并非原本'就在那里'，而总是必须被建构。"（Richard Jenkins，1996：5）根文化的变化不是断裂式的，而是渐进的，也不是本质性的变化，而只是量层面的变化，所以我们认为它具有超稳定性特征。

更关键的是，根文化既有可能是移民的价值依托，也有可能是导致移民内心、身份冲突的根源。不论是试图完全接纳主流社会的文化价值和道德标准，还是与其保持一定的距离，背后都有根文化的力量在发挥作用：在前者中，移民需要更多的努力去挣脱根文化的影响和束缚，会伴随着一系列认同、内心的紧张和冲突，结果是否如愿，难以确定；在后者中，根文化的存在本身就毋庸置疑，只是表现程度不同而已。不管怎样，这里把它们都视为根文化建构中出现的两种取向和形式——前者是解构过程，后者是重构过程。同化论并没有获得成功，而被文化多元论所取代，其背后的原因在于对根文化影响力的轻视。根文化代表的是一些基本的社会价值以及社会定位，不论是一个族群还是一个社会，都是靠这样的价值来维系、凝聚的，与此同时，也需要靠它来确定自己在社会联系中的位置，正如美国社会心理学家弗洛姆所说的："人需要与他人相关，需要超越，需有一个根，需要身份感，需要定位坐标系及信仰对象。"（弗洛姆，2011：54）

这里有一个基本的预设是，文化是海外中国移民的生活价值和行为的依托。根义化的建构就是指，随着代际的更替，海外中国移民如何将根文化保留和传递下来的过程。在这个过程中，根文化并不是原封不动的，而是有所变化，出现渐进的而不是断裂的"基因变异"和"具体否定"。也就是说，这种建构不是放弃根文化的本质，而是企图延续它的一种策略性调整、修饰和再建过程。那么从哪几个层面去分析根文化及其建构呢？一个人必须面对的是生死两大问题，这是所有文化都要关注的基本文化，我们可以称之为生文化和死文化，但是落实到具体族群和国家的话，则又有不同的生文化和死文化。在中国的文化中，在生文化层面，最根本的是家文化和国文化，家国是最为根本的两大支柱；而在死文化层面，中国人更多相信的是轮回报应的佛教文化，当然各地还有更多民间生死信仰，也受西方基督教、天主教、伊斯兰教文化的影响，但最根本的还是佛教文化。所以，这里从家文化、国文化和生命信仰三个层面去分析中国移民（这里是指巴黎温州人）的根文化建构现象。这里的时间维度为个人的生命历程和代际转换。也就是说，这里主要分析和探讨从巴黎温州人在个人的移民经历以及移民代际传承中是如何看待和建构有关家、国和死亡问题（宗教信仰问题）的。

第二节　家文化：延续和强化

　　家文化在中国文化中有着核心的地位：在中国传统中家国同构，连为一体，与西方古代社会不同。梁治平认为，西方古代，家与国是分离的，于是中间演变出一个公共领域，即"市民社会"，而中国古代，家国一体，因而就失去了"市民社会"滋长的结构空间（梁治平，1991：6~8）。在中国古代，历来的政权都是"家天下"，普天之下，四海之滨，莫非王土；对老百姓来说，家是行动基点，"光宗耀祖"理所当然，在差序格局中家是核心。这里的家，既包括小家，也包括大家或家族，即扩大了的家关系。在家与国之间，中国缺乏西方所谓的那种"市民社会"的观照和理念。"提到了我们的用字，这个'家'字最能伸缩自如了。'家里的'可以指自己的太太一个人；'家门'可以指伯叔侄子一大批；'自家人'可以包括任何可以拉入自己的圈子，表示亲热的人物。自家人的范围是因时因地可伸缩的，大到数不清，真是天下成一家人。"（费孝通，2004：43）这种家文化现在已经被带到国外，成为巴黎温州人行动的重要依据。第一代移民晓尚说，在巴黎，温州人很少参加社会公益活动，他曾组织一个公益活动，号召温州人参加清洁周围环境卫生，以显示中国移民以法国为家的态度。但是刚开始，温州人中响应者寥寥无几，甚至还有人说风凉话。他之所以组织这样的公益活动，是因为不少温州商家不管门前以及周围的清洁卫生，乱扔东西，破坏了周边环境，给法国人留下很不好的印象。他做这样的事，不仅是为了改善温州人在法国人心目中的形象，也是为了改善温州人居住和工作的环境。现在有一些温州人参加，但还不是很活跃。同样，正如上文所提到的，巴黎温州人和社团对参与移民社团委员会不感兴趣，又一次说明了他们在家与国之间缺乏公域意识，把社团拟家族化或村落化，村落在温州一带实际上就是家族的扩大而已。

对许多法国人来说，巴黎温州人不重视社会，实在是难以理解，这就是文化的差异。一些法国人为了更好地帮助温州人融入法国社会，组织了一些公益组织（如瓯江协会），教温州人学法语以及法国文化。瓯江协会多年来为温州人提供各种法语、法律、文化等培训。笔者与参加协会的一些志愿者（大多数是法国人，还有一些来自中国香港和中国台湾的人以及个别从中国大陆到法国学习的留学生）座谈，这些志愿者大多是退休的老者和学生，他们想通过帮助温州人去了解他们。志愿者们几乎是异口同声地对笔者说：温州人只知道来参加培训，培训的目的很简单，就是学语言或者学点工商知识，对其他不感兴趣，学完了就拍拍屁股走人，根本没有回报意识。志愿者们很期望那些接受过该协会帮助的温州人中有一部分人能被志愿者们的服务和关爱精神感动，能够成为协会的志愿者，可是没有（只有一个去巴黎留学的温州年轻人在那里当志愿者）。从这两个案例中，笔者不禁想到中国的那句名言，"各人自扫门前雪、不管他人瓦上霜"。这不是正折射出中国人的社会观缺乏吗？

但是，中国人重视家庭和家族，同样在巴黎的温州人中获得了明显的印证。按费孝通教授的差序格局理论，个人是差序格局的核心，但是，个人是隶属于家和家族的，因此，在中国人的社会联系中，家和家族位于核心圈中心。这已经作为价值，深深地烙在每个温州人的心中。陈某23岁，大学毕业，在法国的一家公司工作，是第三代温州移民后裔。他爷爷先是从温州移居到中国香港，然后又迁移到巴黎，他父亲生在中国香港，长在巴黎，他妈妈是中国台湾人。他父亲还能说温州话，但是他只能说简单的温州话，因为他是由奶奶带大的，而奶奶是温州人，平常就说温州话。他说，从小就在有奶奶、叔叔、姑姑这样的大家庭中长大，所以，觉得大家庭对他来说非常重要，非常有意义。而相对来说，他的法国朋友就不太重视这种关系。

当然，他在高中的时候很羡慕法国人家庭关系简单，不喜欢温州人那种复杂的家族关系，尤其是人情关系。但是随着长大成人，他慢慢懂得了家族关系是一个人最重要的情感纽带，是理想的生活避风港。他说回到家里，看见奶奶、姑姑、叔叔等，就非常快乐。他父亲为了强化他对家族的观念，在他读高中和大学期间，经常带他和妹妹去温州老家，祭拜祖先，装饰他们的祖屋。虽然他父亲也不是出生在温州，并且曾在一段时间内与他祖父因为在家族观念上的不认同而发生冲突，但当他父亲到了40岁以后就渐渐地认识到家族的重要性，开始重视对祖籍地文化的了解，现在每年至少要回温州一趟，还计划把他们的祖屋开辟为家族纪念馆，作为他们的后代认祖归宗的文化符号。

这父子俩为什么会对中国人的家、家族有这么一个前后不同的认识转变呢？他们的回答是这样的：随着年龄和社会阅历的增加，他们渐渐地发现，大家庭、家族这种人际关系有助于缓解社会上碰到的压力，其亲密性在社会上是难以获得的，尤其是他们看到法国的老人非常孤独，并认为原因在于家族关系被忽视了，家庭和家族观念不强，所以，他们想将家族文化经营好，以更好地营造亲密的人际关系。我们认为，家这个根文化对中国移民具有基因般的吸引力，特别是在异国他乡，家和家族成了移民凝聚、团结和相互支持的基础。

当然也许是陈某的家族关系相当融洽，对年轻的移民后代有吸引力。事实上，并不是所有温州人的家族关系都这么融洽。但是，据笔者观察，没有一个温州人因为家族关系不融洽而不重视家庭、家族。张某曾与他妹夫因生意的事情闹翻了，一度互不来往，但是，他老婆、孩子还是经常到他妹夫家吃饭、聊天，同样他妹夫的老婆和孩子也经常来他家吃饭、聊天，他们之间的来往依然相当频繁。那么张某为什么不去阻止老婆孩子与妹夫家的来往呢？他说，生气归生气，他归他，妹夫归妹夫，老婆和孩子又没有跟他妹夫吵架。实际上亲戚吵架，是一时的事情，过了一段时间，他们又会交往，因为从情感、社会支持等角度看，作为移民，他们是非常需要这样的关系的，他不阻止老婆孩子与他妹夫家交往，也可能考虑到今后碰到困难仍需要相互支持，别将后路堵死。更重要的是他们把家庭、家族成员作为自己人，尽管自己人也会吵架，但毕竟不同于外人。即使族人吵架了，但一旦碰上自己族人与外人吵架或打架，首先会站在自己族人一边，这就是中国的家族文化。

当然，任何文化随着人口迁移都会发生变化，在巴黎的温州人中，家族文化出现一些新的建构趋向：一是拟家族文化现象——将国内的邻里以及朋友关系增添为家族新内涵。国内日渐削弱的结拜文化在巴黎温州人中有所恢复。李某帮助国内曾经结拜的朋友及其子女移民到法国，总人数达到200多人，他们在法国有着亲密的、频繁的交往，就像走亲戚那样。这种拟家族文化有进一步扩张的趋势，并转化为圈文化。不论在中国国内还是国外，温州人都热衷于建立商会、联谊会等。表面上看起来，温州人有着一种市民社会倾向，事实上，这种商会和联谊会在很大程度上难以体现市民社会的特点：不是一种政治压力组织，而是一种商业、同乡联谊组织。借助这样的组织，温州人可以更好地与官员建立亲密的感情，为他们的生意做铺垫。虽然这是一种对政府的影响，但是不像哈贝马斯所说的那样对政府产生一种压力；与此同时，这些组织不是按照公共利益的理念组织起来，而仅仅是为了确保成员自身利益以及增强彼此感情等目的组建的，根本没有将公共利益考虑在内，与那些既考虑自身利益又观照公共利益的公民社会组织有明显的区别。它们大多是朋友圈、地缘圈和行业圈组织，如果有人觉得在组织中不能获得自己的利益，就会另拉一帮朋友组建新的协会、商会，所以各种会越来越多。这些会大多是"圈"会，朋友圈会、亲戚圈会等。当然，从家族文化到拟家族文化，再扩展到圈文化，是温州移民在异国他乡慢慢走向"社会"的进程，但是否能从圈文化中培育出公民文化，这是我们对巴黎移民今后演变的一个重要观察点。

与此同时，移民后裔对家族文化的认识虽然不像第一代移民那样坚定，但是随着年龄的增长，对家族文化会有一个重新认识和重视的复兴现象，这可能是海外中国移民文化得以延续的重要基础。相比第一代移民，年轻的移民或后裔并不排斥主流社会的"社会"文化，他们比父辈、祖辈更重视社会的参与，有意愿和行动从"圈"文化中"走出来"。比如他们组建了自己的组织，目的在于与法国社会进行交流，改进中国移民在法国的形象。他们在组织内的地位更为平等，更加重视个体的自主性和独立性。在他们身上，家文化与"社会"文化得以共生共存，这也许对法国文化有一定的借鉴价值，有利于弥补法国社会融合上的缺陷。

第三节 "国"文化：张力和建构

长期以来，中国人重视"家国"文化理念，除了家，就是国，中间没有"社会"的过渡。所以，讨论了温州人的家文化之后，再来看看他们的"国"文化。在移民中，"国"文化受到的挑战比家文化大得多。在巴黎温州人那里，至少有这么几个"国"需要他们去识别和对待：祖籍国、户籍国、住在国、移出国、移入国等。对不同的温州人来说，会有不同的说法，并且在文化上体现得更为复杂。对已经加入法国籍的温州人来说，中国是他们的移出国、祖籍国，而法国则是他们的户籍国、住在国、移入国；而对于那些没有入籍法国的温州人来说，中国是户籍国、移出国，而法国则是住在国、移入国。"国"在这里有着法律、出身和居住等意义上的文化区别。"国"文化体现在对自己国民身份的认同、作为国民应表现的行为方式和价值理念等方面。

在第一代巴黎温州移民那里，国家认同并不存在什么问题和困难：他们都把移出国作为自己的国家，尽管有些人已经加入了法国国籍。一方面是因为他们的社会化都是在中国完成的，"中国是自己的国家"这么一个概念在他们脑子里是理所当然，没有值得怀疑的，以至于他们在巴黎举行抗议游行，往往举的是中国国旗而不是法国国旗，当然这样做显然会引发法国媒体以及一些法国人的反感。另一方面是因为他们在中国还有许多财产、生意、亲友、祖业和祖坟等，他们经常往来于中国与法国之间，甚至一些华侨华人领袖还参与到中国的一些政治生活中，如担任地方政协委员等，与中国驻法国使馆有着密切的交往。在日常生活中，他们经常谈论中国的事情，经常为中国的喜而喜，为中国的忧而忧。十多年前他们在工作场所收听法国和美国中文广播，了解中国国内和国际事务，而今用微信可以更快更直接地关注中国，他们转发的许多微信都与中国有关。网络的发展大大地满足了他们对中国事务的了解，使他们感到对中国事务有更多的发声机会，也使他们对中国文化有更多了解的机会，因此，强化了他们对中国的归属感。

相对而言，年轻的温州移民尤其是在法国出生、成长起来的温州人后裔（按法国的移民政策定义，凡是在法国出生并加入法国国籍的人都不属于移民）在国家认同上就不是那么简单了，存在一定的张力。虽然正如上面所说的，家文化在一定程度上可以引导年轻移民去"认祖归宗"，有助于他们对中国的认同，但是，祖宗认同毕竟不是国家认同，两者在出生在法国的温州后裔身上是分离的。他们与父辈、祖辈的一个明显区别是，他们不是在"家国"文化中社会化的，因此，他们不会存在家与国不分的问题。对"80后"和"90后"这一批年轻移民后代的调查显示，他们大多首先认为自己是法国人，法国是他们的祖国，因为他们出生在法国，接受法国的教育，说法语，入了法国籍。但是，他们在日常生活中，尤其是跟法国的朋友交往中老是被当作中国人，而他们的父辈和祖辈也不断地向他们灌输他们的祖国是中国，而不是法国，不断强化他们对中国的国家认同。他们在这两股社会力量中间感到相当迷惑：他们是中国人还是法国人呢？他们的祖国是中国还是法国？笔者将他们召集在一起讨论这个问题，他们之间争论比较大，年纪大一点的年轻移民对中国的认同比年纪小一点的多一些。最后他们告诉笔者说，他们是法国籍中国人或华人。他们成立的协会叫"法国华裔协会"，表明他们在国家认同上的基本看法：他们是华裔，但是法国公民。当然，这个结论不是最终结论，也是不确定的，他们只是在笔者这个中国研究者在场的情况下说出这样的结论，似乎不一定是他们真实的想法，或者是一种临时的策略性的应对方法。不管怎样，他们确实在国家认同上存在一定的矛盾和张力，更倾向于对法国的认同。但是，他们父辈却在不断强化他们对中国的认同，千方百计安排他们回到中国去留学、旅游，甚至还安排他们到中国工作。金某的例子很能说明这样的建构趋势：他在大学毕业前基本上不会说中文，平常说的是温州话和法语，大学毕业后在法国一家公司工作。他认为自己就是法国人，如果与中国有什么联系的话，那就是他父母是中国人，其他没有什么关系。但是，他在工作中发现，法国的同事都把他当作中国人，在晋升上也被这样考虑，他认为这对他影响很大，不过后来中国发展了，与法国的经济往来越来越多，法国人越来越重视中国市场，所以，他才有了被重视的感觉，后来被派到上海。为了准备到上海工作，他就恶补中文。在上海工作了 3 年多，他渐渐地意识到对中国的认同，并慢慢改变自己的国家认同，但他还是说，自己具有双面性：对法国的认同并没有因对中国认同的加强而受到削弱。另一个年轻人王某在大学毕业后被她父亲强行要求去北京学习中文，她说从小到大学毕业，一直对中文不感兴趣，如果没有她父亲的强制，她可能对中国没有什么印象。但是在北京学习的一年多时间里，她跑了中国许多地方，才发现中国文化是那么丰富和有吸引力，这就重塑了自己的国家认同。她说，现在每年都要安排时间去中国旅游，去体验作为中国人的感受。她还计划去中国工作。

当然，年轻巴黎温州人群体中，在国家认同上有着差别性的表现：那些很少去中国的年轻人，他们更偏向于对法国的国家认同，有一个温州后代说：法国足球队与中国足球队比赛，他会站在法国队那边，如果没有法国队参加的话，当中国队与其他国家队比赛时，他会站在中国队那边，希望中国队赢。当法国与中国发生战争时，他会为法国而战，但是心里肯定不好受，会有矛盾，但是当中国与其他国家发生战争，他肯定会支持中国。当然随着年龄的增大以及对中国的了解增多，尤其他们在生活中遭遇了更多的事情，他们增强了对中国的认同。在年轻温州人中，还有所谓的第1.5代人，他们生在中国，很小时候被带到法国，他们的国家认同则与生长在法国的那些人又有所不同，对中国和中国人的感知就更明显一些。黄洁就是第1.5代人，目前他已经在法国参政，当选为某区副区长。他之所以参政，是为了服务于中国人或者更好地维护中国人的权利。他的中国人意识特别强。他说："我来法国的机会很好，因为来的时候年龄还小，法语学得比较好。很幸运能从小村子来到法国巴黎，接受教育，并入法籍。入籍是因为自己要投票来选择代表自己的人，为了要选举，所以入籍的。以后也会一直留在法国，因为更加了解这边的情况。读书的时候法国朋友比较多，现在各半，中国人稍多一点，因为客户是中国人。自己在家里与父母讲温州话，普通话都是看电视剧学的，其实很少讲普通话。大学之后开始较多接触中国人（留学生、客户），之前的同学朋友都是法国人，中文不太会读写，听说还不错。大学之后学的中文课。我是第1.5代移民，第二代移民的中文程度还不如自己好。从小老师对华人都特别好，因为华人小孩比较聪明、老实、听话。而且一般法国的中小学老师都是左派，所以对外来移民，尤其是中国人都很好。中国文化对法国人也很有吸引力，大家认为我必然了解中国传统的知识，所以会问我孔子、老子的话，等等，其实我也不清楚。也有人对中国有不好的看法，比如会说中国人吃狗肉，会讽刺，而且随着中国在慢慢强大，对这里的中国人有好的影响也有坏的影响。法国人认为中国货，比如衣服、食品都不好，媒体和记者也持这样的看法，说中国卖假货，电视里都会报道中国的假烟、假药事件，还会说中国用童工，不民主、专制，等等。对中国负面看法很多。听到这些，我会不高兴，因为我是华人，虽然我入了法籍。因此朋友们在一起成立了'法国华裔协会'，来向法国表达、展示真实的中国。法国人不了解中国人，不知为什么那么多中国人会开店，也不知道为什么那么多中国人会赚到钱。不知道中国人有多么勤奋努力。"

随着中国在经济、外交上的影响力不断壮大，不仅第一代巴黎温州人对国家的认同在强化，而且年轻一代的国家认同也会产生新的变化，因为他们认识到中国的强大对他们的经济活动和社会地位都有帮助。但是，他们过于强调对中国国家的认同，也会引发法国人的紧张、不满和非议。比如，在游行中他们经常打着中国国旗和中文标语，喊着中文口号，连法国国旗都不打。对此，绝大多数法国人不理解：这些中国人为什么在法国这么做？究竟做给谁看？另外法国人对中国人只关心中国的慈善事业，而很少参与法国慈善，也不是很理解。当然，对第一代温州人来说，他们也有自己的苦衷，因为他们不了解法国社会，习惯、语言也不同，他们也找不到如何参与法国社会的方式和渠道。

相比第一代移民来说，年轻一代的移民面临着另一种国家认同的张力，从而影响到他们的国家认同重塑和建构。他们最大的困惑是，为什么要有中国的国家认同？为什么对法国的国家认同不被法国社会所认可？他们更倾向于希望他们对法国的国家认同被法国社会所肯定和认可。2011 年 6 月，一批年轻的温州移民（包括从国内移民的和在法国出生、成长起来的）举办了一场"反暴力、要安全"的游行，他们的表达方式不同于老一代温州移民，他们不举中国国旗，不用中文口号，统一用法国国旗和法文标语。这样的行动引来了其他族群的参与和欢迎，法国媒体对此的评价不像过去那样是负面的，更多的是正面的。在组织和准备这场游行的时候，笔者找到组织者了解他们的想法，他们告诉笔者，他们将以全新的方式来表达他们的需求。这种全新的方式就是更贴近法国文化。为什么有这样的改变？他们不想让法国人认为他们只是法国的一群异类，而是法国的一员，另外也表明了自己行动的独立性，而不是受某种力量所支配。但他们面临的问题是，老一代温州人（特别是社团领袖）对他们的行动并不支持，年轻人更倾向于自主地表达他们对法国社会的看法。而法国社会也有人参加他们的游行，媒体也给予支持，但是，他们也认识到法国人并不完全把他们的做法视为法国人的一部分，而仅仅是为了表达自己族群的利益。当然，一次性行动并不意味着他们已经解决了对中国的认同与对法国的认同之间的张力问题，也不意味着他们对法国的认同已经被法国社会所认可。实际上这样的张力将长期伴随着他们。这是社会融入的文化困境。

第四节　信仰文化：传承与建构

人的生活是需要信仰的，连家国文化背后也蕴藏着信仰。信仰是文化中最高层次、最本质的东西，是左右其他意识的最深层的意识，或者说是对人生观、世界观和价值观的信奉和认可。没有信仰，也就是没有了价值观、人生观等，一个人的生活就会空虚。对移民来说，建构和延续自己的信仰尤为重要。在移民过程中，他们究竟怎样延续和重新建构自己的信仰，显然是我们在探讨巴黎温州人的文化空间所重点关注的内容。当前中国国内在讨论信仰危机问题，那么对于巴黎的温州人来说，是否存在相似的问题呢？因此，这里不仅仅限于观察巴黎温州人的宗教文化，还要讨论他们的信仰文化，信仰文化比宗教文化有更广泛的含义，也体现出温州移民的文化现实。信仰是多方面的，有对权力的信仰、对祖宗的信仰，还有对金钱的信仰和对神的信仰，等等。那么，巴黎的温州移民究竟信仰什么呢？

在许多局外人看来，温州人只注重金钱，哪里有钱赚他们就跑到哪里，如果温州人有什么信仰的话，那只不过是对金钱的信仰。事实上，局外人的认识往往是片面的、戴有有色眼镜的，这也是局内人与局外人的冲突之一。巴黎温州人的信仰是多样的，因为他们有着多样的人生观、价值观和世界观，不会仅仅注重金钱，而会有更多的人生追求。

大多数巴黎温州人有自己的宗教信仰，其中信佛教的占多数，然后便是信基督的，也有少数人信天主教，但基本上没有人信仰伊斯兰教，当然也有一些人并不信教。法国的一位学者告诉笔者，现在有越来越多的法国人不信宗教了，特别是年轻人。在温州，宗教信仰活动还是相当普遍的，信佛教、民间宗教的人占多数，信基督教的人也比较多，号称"东方的耶路撒冷"。移民巴黎的温州人在宗教信仰上，有一个很大的变化是，原来不信教的人中有越来越多的人改信宗教，皈依基督教的人比较多。在与皈依宗教的人交谈中，笔者发现他们信教的动机有这么几种：第一，感情需求。参加宗教活动，可以找到更多的教友，以解决社会交往的困难。第二，经济需求。在教友之间比较容易募集到做生意的钱，教友之间集资情况相当普遍。第三，平安健康祈福需求。在移民中遇到艰险、化险为夷，归功于神灵保佑，或者生病需要神灵保佑。第四，信仰需求。真正相信有神灵存在，神灵就是生活、生命的指路明灯。正如一位法华寺法师给笔者回信，谈到温州人信教的一个重要目的是化解内心的压力：

　　"王教授好：谢谢你给我的回信，另外，将来若有因缘，我愿意配合你的研究，因为这是对人类社会有帮助的事情。昨天和你畅谈有关温州人的情况，以后有空的话，我会再和你讨论，如何用另外一个角度来看温州人。还有，最重要的是这些移民他们自己内心曾经有过什么挣扎。我在这里处理过很多自杀的情况。他们很多在内心有非常大的压力，以至于忧郁症严重。如果只是为了求经济，那么他们的人生真的是很空虚。无论您的评论为何，我认为，他们真正内心的感受，是不会直接告诉别人的。他们的面子问题，无论来到这里有多苦，他们还是会光鲜亮丽地对着别人说，我有多好！所以，任何学者用任何角度来看，都比不上他们切身的感受来得真。当一个人有文化，有内涵，有自己的思想时，追求的可能不只有金钱，所表现的不会只有外表，这些也是我一直努力的事情。移民的心理，是最最值得去关怀的。这是冰山一角。另外，他们的宗教，更是反射出他们的心理，我在这里，由很多佛事的情况，可以看得到。"

这位法师就是温州人兴办的法华寺的主持。在巴黎，温州人的佛堂或教堂都是他们自己花钱购买或者租赁房子而兴办的，当然也有一些温州人去中国香港人或中国台湾人在巴黎兴办的佛堂和教堂参加宗教活动。法华寺位于巴黎93区，是由华侨华人总会的会长和几个会长联合买下当地的一个房子而兴建的一个佛堂，其主持是从台湾请来的一位女法师。这位女法师年纪不大，大学时学佛教，对佛事有比较多的了解和看法。她说，也是缘分，她才会到温州人的佛堂当主持的：

"我第一次来法国，是2003年的夏天，是为了学术参访，因为当时我对敦煌有兴趣，在中国台湾的中央图书馆只能看到胶卷，所以我想来巴黎看一看敦煌文物，顺便去拜访在法国的一位越南法师，他的寺庙在法国中部——里昂。当时行程进行到一半，那位法师有信徒往生，必须去做关怀，所以我就被他安排到几位广州信众所在的地方，去帮他们上有关佛学的课，在那段时间，本来心情有点郁闷，后来转念，将这次当作随缘度众，在广州人那里结束前，有位前去听课的温州人觉得我很投缘，所以请这里法华寺的领道来接我到法华寺，开始我的温州因缘。刚开始，只是想为他们办一场佛事，没想到法会结束后，他们一直要求我留下来。当时我非常感动，觉得他们很虔诚，后来，有点后悔。大约是这样。这当中有很多非常奇特的事情，我相信，这是我和温州人的宿缘吧，必须去圆满这一段缘。在佛法中讲，菩萨是觉有情，其实，出家人不是没有感情，而是他的感情是像菩萨一样的，普遍悲悯，或许俗情或许道情，无论如何，我和他们之间那种微妙的情感和因缘，不是一下子能说的完的，总之，我永远希望他们能够好，无论是否信仰佛教。"

作为非温州人，她在法华寺已经主持了十多年时间，2011年笔者去访谈时，她已经待了8年之久。她对与温州信徒的交往有着丰富的切身体会和认识，为我们认识巴黎温州人的新教行为以及动机提供了一个很好的角度或视角。

她对笔者的调查很支持，但也很惊讶，在她的认识里，温州人不会去做什么研究的。她说，据她对温州人的了解，一个最深的印象是，温州人只关注钱，他们"穷得剩下只有钱了"。这种认识也让笔者很惊讶，当然也印证了外界许多对温州人的相似看法。她说，温州人到佛堂信佛，一是求佛保佑他们多赚钱；二是原谅他们在赚钱过程中一些不好的做法，比如偷渡、偷税等；三是保平安健康。温州人的一个特点就是，凡是能帮助他们的佛、神，他们都会拜，都会信，有些不是佛教中的神，都会被请来放在佛堂里。这不只是温州人的特点，也是中国人的普遍做法。见佛见神仙都拜，只要对人们有帮助。

她说，温州人对钱的重视，也出现在问她需要多少工资。她说，她做佛事，不是讲收入的，如果讲收入的话，那就是说，她跟温州人之间是雇佣关系，这不是佛法的意义。她做法师，不是听从这些会长、副会长们的指挥，而只服从佛祖，只按照佛法要求去做。如果要给她收入或者工资，那她就成为他们的工人了。这不是佛教的意思。所以，她是接受供养，不接受工资。

在调查中，法师问笔者这样一个问题：你知道为什么叫法华寺吗？她问主事的温州人，得到的答复是，这是旅法华侨华人的佛寺，简称为法华寺。实际上大陆许多地方都有法华寺，杭州、上海、北京都有法华寺，温州也有法华寺。他们温州人用这种方式来解释，说明他们还是蛮聪明的。法华寺在巴黎算比较大的一个佛堂，以前有潮州人办的一个佛堂，台湾佛光山在巴黎也办了一个佛堂。法华寺是由华侨华人总会办的，实际上是该会下属的一个文化活动中心，现在还没有按 05 法律注册成为一个宗教组织，而仅仅是华侨华人总会下属的一个机构，受法国的 01 法律约束①。为什么现在还没有按 05 法律登记，她也不是很清楚。法华寺是由华侨华人总会的一些会长、副会长、常务理事和顾问等一些温州人出钱办的，1998 年筹建，2000 年开光成立。开始，从大陆聘请法师来主持，当时从河北一所大寺院请来一个法师，在巴黎待了一段时间，就走了，待不住。听说从温州的寺院请过法师，也没待多久走了。后来就请她来。2004 年她来到法华寺，发现这个地方不是一个久待的地方。法华寺位于 93 区，在巴黎的边远地方，周围环境不好，尤其是寺里到处是老鼠、蟑螂、苍蝇等，哪有台湾舒服。在与温州人的交往中，她也感到难以打交道，让人很难受。温州人都说温州话，如果你听不懂，很难与他们交流。他

---

① 所谓 05 法律，专门适用于宗教组织，是政教分开的主要法律依据。根据该法律，宗教组织从事宗教事务，不能参与世俗事务。01 法律只是一个社团法律，对社团的控制没有 05 法律那么严。

们经常挑拨是非，尤其是一些老太婆在会长们那里说三道四、告状，本来没有事情，被搞成有事似的。有的温州人有时会在她面前说有人说她，但是又不指名道姓地说是谁说的。她一般不会放过这个事，会在诵经会上不点名地说出来，那个告诉她的人事后会找她说，为什么把这个事说了呢？她会告诉他们，凡是有关这些说法，她都会一一追到底，要查个水落石出。只有这样才能改变这种做法。有时候她会把那帮会长、副会长、理事找来，对他们说如果他们听那些温州人的挑拨，她马上就收拾行李回台湾，她也正不想干了。那些会长会说，不要听这些闲言碎语。经过她的努力，风气渐渐地好起来。当然她也努力听懂温州话，她会把温州话中相似发音的话放在一起，进行分类，就很好记了，比如地板、电话等放在一起记。现在她能听懂80%以上的温州话了，所以不少温州人会说，师傅听懂了，他们就不会乱说了。现在只要温州人乱说，她就听懂了，并要求他们把事情说清楚，不要道听途说。这就扭转了温州人打听这打听那的做法。另外，原来佛堂很脏，她就组织那些信徒来扫地，整理佛堂。经过大家的努力，佛堂变得很干净了，没有了老鼠、苍蝇、蟑螂等。

以前温州人不喜欢法国人来这个佛堂参加佛事活动。有时候她私下接待一些法国信徒，被温州人发现，他们就会跑来问她为什么把法国人带进来。他们会说，这个佛堂是温州人的，不允许外面的人进来。他们很不高兴。但是她对他们说，信佛不分彼此，如果法国人想信佛，就应该让他们来。为什么温州人有这种反应呢？她的解释是这样：温州人在赚钱过程中有些做法是见不得人的，比如偷渡、偷税。偷渡明显是违法的，佛祖要求大家守戒律，不要去犯法，不做违法的事情。他们往往跑到佛堂里忏悔，说出这些违法的事情，却担心被法国人听到，然后告到警察那里，影响温州人的生活。当然温州人这种警惕性是有经验基础的，许多温州人在法国待了很多年，甚至比她的年龄都长。但这不应成为排斥法国人到这里信佛的理由。而且不是所

有的法国人都会去告状。在她的坚持下，温州人渐渐地接纳法国人到
这里参加佛事活动。法国人为什么会信佛呢？她认为，法国人在生活
中承受的压力很大，在法国，治抑郁症的药的销量是世界上最多的。
那么为什么会来信佛教而不去信基督教或天主教呢？事实上法国人信
天主教和基督教的人数在减少，但是信佛教的人数在增加。佛教在法
国越来越有吸引力。佛教信教活动比基督教和天主教更活跃，在法华
寺，老人、孩子都在里面，很热闹，中午还可以在一起吃饭，不像在
教堂内那么严肃。在我们聊天的时候，进来一个白人老太太和黑人中
年妇女，那个白人老太太手里拿着一张猫的照片叫法师给做加持，说
这只猫刚去世了。法师就把照片摆放在佛像前面，双手合十，口中念
念有词，给做了 2 分钟，然后加个印，加持做完了。接着法师握着黑
人妇女的手，站在佛像面前也念念有词一会儿，对着黑人妇女双手合
十一下，就结束了。笔者不知道为什么给黑人妇女做这样的动作。那
黑人妇女拿出一个红包放到佛台上，作为一份供养。看来他们是佛教
信徒。

　　法师说，现在法国人可以自由出入佛堂，温州人不会阻拦。为什
么温州人喜欢钱？为什么他们不愿意外人加入他们之中？为什么他们
去偷渡？为什么他们会偷税？她说，根据她平时从温州人的聊天中了
解到，温州那个地方没有任何自然资源，田地很少，人口很多，不出
去赚钱是生存不下去的。听说在中国大陆有一个说法：如果有个外星
人来到地球上，北京人碰到会跟他们讨论政治问题，而上海人会说服
他们买他们的东西，而温州人会上去问他们，他们星球那边是否有生
意可做。温州人都会想到去做生意，而中国其他地方的人就不是这样
的。她说她接触过的北方人都说，他们在法国赚点钱，然后回到中
国，不会在这里扎根，不会开店当老板。温州人来了就会扎下根。从
这个背景出发，她也慢慢地理解了温州人的一些做法和想法。她会引
导温州人向善做好事。不过温州信徒在她面前表现很好，很恭顺，但

是一离开佛堂，就不一样了。她说，她给温州人介绍许多留学生去工作，那些在温州人那里工作过的留学生没有一个不骂温州人的，说温州人很抠门，给的工资很少，但要求做的工作时间很长，温州人对他们自己的工人不是这样，可能是温州人之间都比较熟悉，不好意思做得太坏，但对留学生就不一样。留学生要想工作，不找温州人，还真的不行，到法国其他人那里工作，一方面不好找，另一方面工资也不高，只是工作时间不会那么长。

与潮汕人相比，温州人还是比较慷慨的。她认为潮汕人都是从越南、老挝、柬埔寨等东南亚国家跑过来的，他们没有了自己的祖籍国，因此变得非常封闭，外面的人很难进去。温州人还是相对容易相处，待人接物比较慷慨。温州人对她说，现在温州那边发展很好，那边的人怎么怎么有钱。她没有去过温州，不清楚温州究竟有多富，但是她觉得，即使温州富了，也只是一部分人，否则为什么会有人偷渡到法国呢？当然这几年温州人偷渡到法国的少了许多。她还说，温州这个地方很有意思，温州话中还保留着很传统的做法和想法。比如温州人认为初一、十五不是好日子，只适合去庙里烧香。开始她觉得很奇怪，在佛法里，这两个是好日子，但是后来她去查了一下，发现在历史上，大概在南北朝的时候，那时的佛教文献记载，这两个日子确实不是好日子。她说，不可思议的是温州人还保留下来。又比如，温州话说"黑色"，不叫"黑"，而叫"青"，在过去佛教中的"青"就是指黑，历史上有青衣少女的说法，这个青衣，就是黑衣的意思。从这个角度来看，温州话中有历史活化石的特点。

当然，温州人也有灵活性，有很强的适应能力，比如说，过去是初一、十五来烧香，现在变成星期天来烧香。星期天这一天很热闹的，念佛经，做佛事，吃斋饭，人山人海，至少有300人参加。目前来讲，法华寺是华人中最大的佛堂，但信徒的数量很难统计。法华寺一年有两场大型佛事，一次是农历七月初七，另一次是除夕晚上，尤其是除夕之夜，参加的人数达五六千之多。这两场大型佛事，她都要从中国台湾请来两位法师主持法事。

温州人现在觉得中国台湾的法师比大陆的好，更注重佛事。法华寺成立 10 周年纪念活动时，华侨华人总会的会长们准备从大陆的几大名寺请来大法师来主持法事。没有想到，有些高僧提出要坐头等舱，坐专车，上街逛商店买名牌，还在戴高乐机场申请退税。在做法事的时候，还要求不让她进去，因为她是一个女人，在法事场合，不准女人进出。她想不通，佛教中还讲男女区别问题。她觉得，中国内地的这些和尚已经背离佛的旨意。华侨华人总会的人也看到这一点，觉得中国台湾的和尚真是讲究佛法，真是出家人的行为。所以，现在那些温州人对她特别尊重。

开始，她对温州人的另外一种想法不太理解。他们认为，凡是出家当和尚的人肯定是在世俗遭遇各种不幸，然后才削发为僧，否则一个很幸福的人怎么会出家呢？他们听的鼓词说的都是这样的内容。她不明白的是如果是这样的话，那他们为什么还信佛呢？他们经常问她，一个年纪轻轻的女孩为什么出家呢？他们总以为她是在生活中遭遇很大的不幸后，才出家的。事实上她根本没有遭遇过什么不幸，她在大学学习过程中发现出家是一件非常快乐的事情，她有 5 个姐妹兄弟，他们都支持她的选择。以前她没有想到过出家都是因遭遇不幸而生的。后来她就不要她的那些温州信徒去听这些乌七八糟的鼓词。这些鼓词是因为明朝曾迫害佛教而编造出来的，并一直流传到现在。那些信徒们还在听这些东西。

她跟温州人的交往很多，就生活在温州人的世界里，跟他们打交道，引导他们向善。但这不是一件容易的事情，如果他们有所改进，比如说话小声一点，她就高兴。一些温州商人在他们开业时经常邀请她去，希望给他们的生意带来好运。她说他们还是把钱放在第一位的。

关于与其他宗教的关系，她持一种开放的态度，她也去教堂看他们做弥撒，希望与他们进行交流，佛教没有排斥其他宗教的想法和理论，具有很大的包容性。但那些信基督教的人非常排斥佛教，他们经常说佛教徒的坏话，不愿意来参观佛堂。而她经常对信徒说，你们想信什么就信什么；另外，他们生病了首先还是要去看医生，到佛堂烧香是需要，但不能代替医生。而一些温州人却不听她的话，耽误了病情。佛教是很宽容的，愿意跟其他宗教和平相处，不会排挤其他宗教。这是佛教的长处。

从这位法师的介绍和体验中，至少可以获得有关巴黎温州人信教的一些信息：他们需要信仰，一方面他们在出国前就有信教习惯，另一方面他们需要化解内心的压力，特别是在异国他乡面临的困境，当然也需要为他们有可能做的坏事寻找减压口，这说明他们还是存在向善的愿望的，当然他们信教的实用性很强，希望佛祖保佑他们发财、平安和健康等。巴黎温州人对待信教的态度和想法也会受到中国大陆发生的情况的影响，他们对佛教的虔诚度并不那么高，更加注重实用性，与国内的情况差不多。

那么那些信仰基督教和天主教的温州人又会是怎样的信仰态度呢？巴黎温州人中信基督教和天主教的人也不少，尤其是信仰基督教的人比信天主教的人多。在巴黎，他们也办起了多个自己的教堂。笔者参加过他们教徒在教堂举办的婚礼、周六礼拜活动以及信徒之间的聚会等，对他们的行为进行近距离观察，更对他们中的一些教徒进行深度访谈和讨论。

在与基督教徒和佛教徒交往中，一个最大的感受是，基督教徒们会不断地告诉你，信基督是多么好的事情，然后会向你传播圣经中耶稣的金科玉律，最后希望你皈依基督教，传道动机和能力都很强，而佛教徒只会说，善有善报，并没有想劝你信佛的动机和想法。这可能与基督教的历史传统以及组织方式有密切的关系，佛教更注重于普度，而基督教更注重组织化，并将非教徒视为邪教。温州本来就有很早的基督教历史，是中国最早接受基督教传播的地区之一，因此基督教在温州相当活跃，而温州又号称"东方的耶路撒冷"。在巴黎温州人的基督徒当中，有不少原来在温州就是信基督教的，或者说他们父母是信基督教的。当然到了法国巴黎后，有些人原来不信基督教，但是到了巴黎，被人家劝说了一下，加入了基督教信众。麻云一家是来到巴黎后才信基督教的，他说刚开始并不想去信教，在中国时家里没有人信基督教，后来有朋友不断拉他们入教，经不起劝导就加入了。加入后他发现，信基督教真好，至少有了一批教友，既可以有精神和心灵交流的对象，又可以获得经济支持。说到这一点，他很兴奋，极力劝笔者加入基督教。他们还有的告诉笔者，到了法国，信教变得更加自由了，想信就信，没人管你。更重要的是他们至少可以通过信教在异国他乡获得心理的安慰和精神的寄托。

佛教中虽然也有辩经功课，但是佛教更偏重于诵经，气氛比较严肃，而基督教也有念经程序，还有教徒讨论环节，因此相对于佛教信仰活动，基督教活动相对活跃一些。基督教徒在团契活动中围绕着日常生活的道德问题展开讨论：比如与人竞购一套房子，把价格抬高后自己又放弃购买，是否合乎道德？又比如一只苍蝇飞进家里是否可以打死？如果犯错了，向上帝忏悔后就可以了，那么会不会经常出现犯错、忏悔、再犯错、再忏悔等问题呢？在一次团契活动中，主持人被另一个教友质问说，为什么在买房子时跟人讨价还价？这是不是道德行为？主持人说，讨价还价是主允许的，因此是道德行为，但其他人认为这不是道德行为，因为你总想人家让利给你。他们讨论得很热闹。显然，信仰基督教活动的人也离不开对现实生活的思考，更多的是从信教活动中寻找对现实困惑的解答，这跟佛教信仰有异曲同工之效。

陪笔者一起去调查的一个温州移民既不信佛教，又不信基督教，他说什么教都不信。他在观察中告诉笔者，不论是信佛教还是信基督教，温州人实际上都对信教行为做了相应的改变：比如在国内做法事，都要根据农历来决定的，但是在巴黎，每周六和周日都做法事，原因在于温州移民来到法国，要按法国的工作节奏安排他们的时间，所以，只有周六和周日才有时间参加佛事；信基督教的温州人将聚餐带进教堂，在西方的基督教堂中一般都不聚餐，但温州人的基督教堂每周礼拜都要吃东西，就像在佛堂里一样，所以，温州基督徒说，他们不愿意到法国人的基督教堂去做礼拜，一方面是不懂法语，另一方面是不热闹，没有吃的。显然，不论信什么教，温州移民的世俗需求对信仰具有重要的支配作用。

还有改变的是温州人用中国的传统来改变基督教的教义，甚至赋予基督教中国文化含义。在一次温州人举行的婚礼上，笔者发现牧师一手拿着《圣经》，另一手握着一本《论语》。他在主持婚礼上，先用《圣经》里的话来表达祝福，接着用《论语》的话进行注释，比如他说，耶和华将仁爱洒向人间，正如孔子所说的"仁者爱人"，也就是说有仁爱之心的人都会爱他人。仪式结束后，笔者请教牧师，《圣经》上说得清清楚楚，为什么还用孔子话来解释，反而显得更难懂？他说，中国人毕竟是中国人，把孔圣人搬出来，显得更上档次和水平，中国人更喜欢。不管这样的理由是否充分，但是，温州人确实用自己的文化来吸纳和改变西方的东西。在另一次温州基督教团契活动上，笔者发现他们唱的许多歌都是祝福中国平安、繁荣和幸福的，比如有一首歌叫《早晨6点钟的北京》，歌声旋律很好听，而且歌词内容都是怀念中国、祝福中国平安和繁荣的。笔者问他们为什么把这些歌曲纳入他们的活动中。他们说，基督教徒也是有自己的祖国的，他们也有着故土、国家认同的需要。这些都是贯穿在他们的宗教活动中的。他们不愿参与法国人的教堂活动，除了他们不懂法语外，也与这一点有一定的关系，因为温州人信教，免不了也受其以前接受的文化观念、生活习惯和价值等的影响。过去的许多东西内化在心中，形诸行为，即使皈依基督教，也难以磨灭这些内化了的东西，而一个宗教若想获得人们的接纳，也不能不允诺人们继续保留过去内化的东西，并与其交融，而信教者也会用过去内化的东西来解读宗教要义。

对于那些不信教者来说，他们的信仰究竟是什么呢？不信教，不等于没有信仰，大凡是人，都会有这样或那样的信仰。另一种信仰隐藏在那些不信教者心里，尽管信教者也兼有相似的信仰（即祖先崇拜）。巴黎温州人远离故土，他们都有一种故土情结和依恋，而维系他们对故土依恋的是祖宗崇拜和信仰。这实际上是家文化的核心，是凝聚温州移民的文化基石。晓尚虽然不信任何宗教，但他老婆信基督教，是一个虔诚的基督教徒。然而，他老婆并没有将他带进基督教大门。一般来说，信基督的人不信祖宗，不搞祖宗崇拜，而信佛教的人却崇拜祖宗、信仰祖宗。那么，老婆信基督教，而自己不信基督教，会不会导致晓尚先生家的分裂呢？事实上没有，在他家，只有他一个人不信教，他的子女都跟着母亲加入基督教，儿子娶了教友的女儿，这是基督教所要求的。在一家中有人信教有人不信的情况下，彼此都需要妥协。晓尚家就是如此，他尊重家人信教，而家人也尊重他的另外的信仰，尤其是祭祖，尽管基督教认为祖先并不重要，只有上帝是重要的，教友是兄弟姐妹，因此不崇拜祖先，但是在晓尚祭祖时，他老婆一般是站在边上看，并不反对他的行动，正如他不反对她信基督一样，事实上她还是支持他带领子女去祭拜祖先。2009 年清明节，晓尚带着孩子回温州祭拜祖先，他利用现代信息科技手段，将他们祭拜活动向远在美国的弟弟一家进行现场直播。他说，他弟弟一家在美国家里，跪在地上向父母和祖父母磕头。现代科技使海外移民有了更多的手段表达他们的祖宗信仰。祖宗信仰有几层功效：第一是维系家庭、家族的稳定和连续，有了祖宗信仰，不论在什么地方，大家都会有个寄托，都会想到联系和交往。第二，保佑自己和子孙后代平安、健康、发财和升官，等等。祖宗是最亲密的人，他们的保佑是真心的、真诚的、无私的。因此，要经常祈求祖宗的保佑。另外，祖宗信仰还可以确保在祖籍地的影响，这又跟国家认同文化有直接关联。

祭祖对巴黎温州人来说是很重大的事件。每到清明节，他们会以各种方式祭奠祖先或者离世的亲人。他们一方面相信祖先是有灵的，会保佑他们，因此他们必须去祭拜；另一方面他们用这种方式寄托他们的信仰。那些将亲人埋葬在巴黎的温州人，也会在清明和万圣节去祭奠亲人，其坟墓造型与国内相差无几。从祖先崇拜和信仰，衍生出神灵崇拜和信仰。巴黎温州人也很信仰这一点，他们会祭拜所有在他们看来有灵性的东西，以体现他们对世界、宇宙以及今生来世的看法和观念。

总而言之，表面上看，巴黎温州人在信仰上与在国内的情况没有什么差别，有信佛的，也有信基督的，更有祖宗崇拜和民间信仰，呈现出多元性，但是，在移民中他们对信仰有着更强烈的渴求：他们需要用信仰克服各种风险，去建构社会支持体系，去解决心理问题。他们的信仰有着更明显的分化，信佛的人群与信基督的人群在信仰表达上有着明显的差异，甚至相互都有轻视的表现，比如信基督的人认为信佛的人缺乏虔诚，目的和动机不纯，而信佛的人认为信基督的人排外、缺少包容性，等等。但是，宗教信仰的分化并不影响他们在日常生活上的交往和互动，他们可能会加入同一个商会或联谊会，也会有同样的和相似的国家认同，比如信基督的温州移民在教堂唱歌的时候会唱《早上6点钟的北京》，为祖国祈祷平安，而信佛的人显然认为自己的信仰就是中国的传统，每个中国人都应该信佛。

在异国他乡，他们的信仰有意无意地会受到移入国文化的双重影响。佛教也会受西方的宗教活动影响，弱化在中国黄道吉日的做法，更倾向于周末举行佛事；而温州人的基督教会受到教徒们从祖籍国带来的文化习俗影响，更乐意将佛教的聚餐吸纳过来，作为他们一项重要的宗教活动。信仰不限于宗教，还体现在日常生活之中，比如对家族、神灵价值的认可和坚持，也构成了温州人重要的信仰。有了信仰，他们的生活更坦然、淡定，内心不焦虑，得到很好的慰藉；面对外部世界，他们就更为从容、自信；对过去，会有更好的依托；对来世，会有更清晰的指向。

第五节　根文化与行为方式

显然，巴黎温州人作为一个群体，他们在文化上有自己的延续和建构，才能建立他们生活的精神和信仰基础。这里从文化作为寻根、扎根以及信仰依托等角度，探索了巴黎温州人是如何建构他们的文化空间的。他们的文化空间主要由家文化、国文化、宗教文化与祖宗崇拜文化建构起来。在这个文化空间中，信仰是最根本的东西，是根文化的内核。他们的信仰并不是一成不变的，而是在移民地，出于他们的生活需要——交往、精神、经济互助以及对生死的恐惧等——发生变化。更关键的是"根"的需求。这就是笔者将根文化作为突出内容来讨论和分析的缘由。

正如一开头笔者所指出的，凡是找不到解释的问题都用文化来解释，文化成为百宝箱或者一个筐，什么东西都往里装。但是，在研究人的行为的时候，确实不可能不考虑文化的因素。文化是什么，还真难以说清楚，但是它无处不在。正如梁漱溟所说的："我今所说文化就是吾人生活所依靠之一切，意在指示人们，文化是极其实在的东西。文化之本义，应在经济、政治，乃至一切无所不包。"（梁漱溟，2011：7）当然，梁漱溟所指的文化概念是相当广泛的，包罗万象的，所以在他看来，要了解中国现实问题，不能不从文化中找个明白："我是感受中国问题之刺激，切志中国问题之解决，从而根追到其历史、其文化。"（梁漱溟，2011：4）受梁漱溟观点的启迪，在调查巴黎温州人的过程中，笔者渐渐地发现不从文化上去思考和解释，不足以完整地理解温州人的行为。但文化是一个很抽象的概念，内涵和外延都很难把握，那么怎么从文化角度去理解温州人的行为呢？在调查中，笔者就从他们的行为中反观背后的文化意涵，慢慢地领悟到他们之所以有这么一些对外部人所难以理解的行为，是因为他们承载着很多文化要素，其中有些核心的文化要素主导着温州人的价值观，并进而左右着温州人的行为。笔者将这些文化要素概括为"根文化"。

温州人来到巴黎，他们的行为并不是一成不变的，而是有很多明显的变化，比如从生活上有越来越多的温州人爱上了法国菜、咖啡，穿着上也跟着法国社会的主流时尚而变化，尤其是随着年轻一代成长起来，他们与法国人在许多行为方面和想法上变得很像。但是透过如此变化的众相，笔者看到了他们许多不变的行为、变化后重新回潮的行为以及一些表面上、形式上变了而实质却依旧的行为，那么为什么会这样呢？杨凤岗教授用"美国人""中国心"来形容美国的中国移民：他们从故土那里寻找精神家园。"实际上，对许多华人而言其美国之旅也并不就是人们理想中真正寻得的那方'净土'、那块'乐园'。在美国的复杂经历显然会强化这些华人的'精神需求'，促使他们更多地寻找'精神慰藉'。"（卓新平，2008）笔者认为，支撑巴黎温州移民"精神家园"和"精神慰藉"的就是根文化的魅力和影响。根文化像生物中的基因决定了光怪陆离背后的种群一致性那样影响一个族群的特征，提供人们生命价值的归依。

根文化为巴黎温州人提供两方面的生命价值支柱：现世认同和来世归属。从现世认同来看，作为中国人的一部分或后裔，巴黎温州人受家、国文化影响最大，失去了家国的认同，那就会失去了生命的价值支柱，他们一般不会从社会中去寻找认同，而是将社会作为为家、国服务来看待。所以，他们基本上是围绕着家、国去组织他们的行为的，这在他们参与商会或联谊会的行为上表现得尤为明显：本来商会或联谊会是与家和国具有同等价值的社会载体和组织，但是在温州人那里，要么把商会或联谊会当作家的扩大，拟家族化，变成围绕家族的圈子，要么把商会和联谊会变成准政府组织，成为使馆领导下的成员，进入商会、联谊会，就等于迈入了中国政界的重要门槛。商会、联谊会作为社会组织的属性却没有得到充分的发育和展现。在巴黎，大多数温州人还难以进入法国主流社会。他们生活在自己的圈子里。由于长期以来中国人的"社会"文化不发达，所以，他们大多还是生活在家与国之中。这进一步强化了他们自己圈里的生活：家和国进一步变得比社会重要。在这里，社会空间与文化空间是相互嵌入的，文化在背后支撑着社会空间，从文化上温州人才能建构他们的圈子、赋予他们社会组织属性和本质，家国文化注定了他们以家为单位、以国家为归属，并由此构筑他们的行为方式。反过来说，社会空间是文化空间的呈现和延展，在社会圈子、社会联系以及社会组织的表现上彰显他们背后的文化理念和价值。

另外，几乎所有人对来世会有着好奇的遐想和猜测，宗教和其他信仰为此提供了行为出口和价值支撑。不论是祖宗崇拜还是对佛教、基督教等民间宗教的信奉，不仅是支持巴黎温州人现世行为的价值支点，而且更是他们寻找来世寄托的方式。这样的信仰是全人类性质的，而巴黎温州人的信仰文化是有根可寻的：他们在温州就有这样的习惯、风俗和做法。当然，信仰文化不仅仅是为来世服务，也为现世服务，尤其是对巴黎温州人来说，现世服务的价值即使不比来世服务大，至少具有同等的重要性。他们对祖宗的祭拜，一方面希望后代记住他们的来源，并承袭这种祭拜做法（这是来世期望和归属），另一方面祈祷先祖能保佑他们现世健康平安发财。而他们皈依宗教，不论是佛教还是天主教、基督教等，他们也有现世的需求，比如社会支持、心理健康、信仰寄托等。

所以，如果从广义上看，文化是"无所不包的"，有饮食文化、酒文化、教育文化、健康文化、宗教文化、关系文化，等等。但是，抽丝剥茧后，就会发现，根文化是所有文化的核心，是深层的文化因素，对其他文化现象具有相当的支配性作用。光怪陆离的各种文化表现形式都受制于根文化。所以，这里提出"根文化"这个概念，旨在更好地理解巴黎温州人这个移民群体的行为方式，也许对于研究中国的其他社会现象也有一定的借鉴价值。根文化成为巴黎温州人文化空间的核心支点，其他文化是围绕着这个支点而衍生、建构起来的，所以把握了这个支点，就更容易理解其他文化的含义。

第六章

政策空间："边界"建构

2013 年 9 月是笔者最近一次对巴黎温州人的调查，当时全世界经济都不是很景气，欧洲经济更是衰败，希腊、西班牙、意大利、葡萄牙等国日子很不好过，面临国家破产的窘境，尤其是希腊更甚。巴黎温州人的生意很不好做，陷入困境。相对而言，中国经济还能保持 8% 左右的增长速度。笔者就问一些巴黎的温州人，他们是否想过返回中国定居呢？几乎没有一个人说自己愿意，原因是法国依然有着良好的社会福利和法治环境。这就是本章所说的政策空间。具体地说，政策空间在这里有两层含义：一是政策为巴黎温州人在法国生存和发展提供了稳定的空间；二是巴黎温州人可以利用政策为自己创造更大的空间。如果说前者是政策框，那么后者指这个框有一定的弹性和模糊地带，让温州人得以拓展和发挥，用中国流行的话说，可以打"擦边球"。显然，没有政策空间，巴黎温州人也不能在法国获得稳定的生存和发展；没有政策空间，他们也就不会对法国社会有所留恋。

第一节 非法与合法的转换

本书的第一章就指出，法国是一个移民国家，其移民历史长达几百年。那么，什么人算是移民呢？有关移民的概念，说法很不一致，不论是学术界还是国际组织、各国法律都有不同的界定。中国法律有关移民的概念跟法国的也不一样。显然，这背后跟移民政策有关。正如斯蒂芬·卡斯尔卡所说："对移民的界定尚无客观标准，一切取决于国家政策，而政策则是对政治和经济情况方面的需要以及对公众的态度的反应。"移民界定的不一致可以建构出不同的政策空间。

法国法律是这样界定移民的：在法国以外出生的（出生时没有取得法国国籍），然后移民到法国，并在法国居住超过特定时间的（通常是3个月）的人，不论其在法国是否入籍都是移民。这个定义首先专指国际移民，而不包括国内移民，其次专指那些迁入法国并居住一定时间的人。但是，非法移民似乎不在这个概念之内。非法移民在法国确实存在，而且规模不小，法国内政部官员告诉我们，"非法移民数量没有准确数字。估计25万到40万。这一估数有三个信息来源：一是很多人会申请合法化（洗白的过程），每隔几年就会有一次合法化。二是非法移民也有资格获得国家医疗救助AME。通过这两种渠道，我们大概能获得非法移民数字。三是不同大学的学者提出的数据，但他们在研究中所提供的中国移民的数量争议很大，从10万到120万都有。"（2013年9月23日）

法国从20世纪70年代中期开始，就推出"零移民"政策，但是这阻挡不住向法国移民的脚步。原法国殖民地国家大多位于非洲和中东国家，这些国家经济不发达，政治不稳定，甚至一些国家战乱、政变不断，致使很多人以各种方式进入法国：有的是偷渡过来，有的是为了政治避难，有的是家庭团聚。因此，法国不得不面对很多非法移民，也不得不对移民政策做出或暗或明的修正。曾在法国移民部门工作多年、管理过难民事务的一位前法国议员①在接受我们访谈时这么说：

> 在 1974 年"关门"政策之后，移民数量增长依然很快。这里面有个哲学压力：一部分是人道主义考量，我是属于这部分；另外一部分是对世界地缘政治关系的分析得出的结论。如果我们不接纳这些人，不接纳一定量的移民的话，欧洲将会继续像一个封闭城堡一样隐居，那些穷国，尤其是受过殖民的那些国家，他们会想，19 世纪欧洲人口过多的时候你们来殖民我们，现在该轮到我们了。移民政策变化的原因：舆论的变化加政治风向。在这一点上左派右派是没有区别的。法国的经济状态不好，人口老龄化严重，虽然人口不缺，但是年轻人不愿意做不好的工作。因此，自相矛盾的经济加舆论风向导致了不要移民的结果。但实际上（法国）是需要移民的。对移民政策的变动是存在的，但又是隐藏的，看不见的。（法国议员访谈，2013 年 9 月 17 日）

绝大多数巴黎的温州人是在 1974 年之后移民到法国的。那么为什么在法国推出"关门"的移民政策后，温州人依然有机会和条件来到法国"安营扎寨"呢？问题就在于这位议员所说的法国移民政策的"隐藏的、看不见的"变化。法国移民政策中有一个原则就是人道主义，对"关门"政策形成了挑战，创造了新的移民空间。我们访谈的

---

① 这位议员具体情况是：69 岁（2013 年），已退休。退休前主要在公共事务方面工作：做过大学教师，研究移民流动；做过法官；在国家移民委员会工作过；做过议员；做过外交官；负责过东南亚难民工作。花了很多时间处理移民问题，曾经在"移民工人"的社会行动基金机构做过主席。此机构负责移民社会融入问题。这一机构创建的背景如下：1992～1998年，在法国的殖民地阿尔及利亚移民大量流入法国后，法国开始做北非移民的社会融入工作，后来慢慢扩大到更广泛的范围。

这位法国议员为我们解读了 20 世纪 70 年代中期后中国移民之所以源源不断增加的原因，对我们理解温州人移民法国所需要的政策空间有很重要的启发价值。

在他看来，中国移民来法国与东南亚有直接关系。越南、老挝、柬埔寨等原先都是法国的殖民地，在 20 世纪 70 年代中期这些国家纷纷发生革命，由此导致当地一些上层阶层（当地华侨华人占主导地位）纷纷逃离东南亚，跑到法国避难。他说："在东南亚移民问题上，法国的政策是特殊的，对于这次移民潮的处理与对北非移民的处理、对非洲移民的处理、对高加索地区移民的处理和包括对东欧移民的处理都是不同的。"他认为，中国移民法国经历了以下三个阶段：第一阶段是第一次世界大战之后，当时一大批中国人来支援第一次世界大战中的法国，在这次战争中他们死了几万人，活下来的就在法国植根，而并非融入，但他们并未引起法国当地人的反感。第二阶段是 20 世纪 70 年代发生印度支那战争，其间出现来自越南、柬埔寨、老挝的华人移民潮。"法国舆论普遍认为当时法国对于这些地方的人有责任，虽然这些人很多，但是他们来了都有招待机制，对他们也相当慷慨，包括对越南人、华人、由于征兵而下来的山上的苗人等都有接受。当年对这样全盘接受的政策有反对的声音，比如'接受华人会招来整个中国'等黄祸思潮，最终这个时期由日内瓦难民委员会宣布终止。"

第三阶段是"法国大革命 200 周年"。当时有很多中国人以避难的方式获得法国的居留证甚至加入了法国国籍。他说："他们号称避难，但是这些人很难认定。法国普遍认为中国人做事好，智商高，比较受欢迎。比如有个朋友是个武汉的化学家，25 年前来到法国，由于要保护还在国内的家人，所以没有做政治避难申请，他在洗衣房做熨衣服工人，还给会英文的小孩上数学课。他的小孩也来到法国，两个小孩后来在法国科学中心做研究员，获得过法国的勋章，也加入了法国籍。他的女儿嫁给了在上海的中国人，已经回国了。他的儿子去了美国，做美籍华人。还有赵无极的侄女，她是法籍，在一个制药公司工作，一年有三分之二的时间都住在上海。总之，法国是不怕中国移民的，中国移民与北非移民是不同的，或者在法国人看来是不同的。中国人不会'颠覆'法国。法国主要害怕的是宗教问题，而中国人的流动更像我们讲的'马赛的小生意人'，海港城市中做生意的奔波的小生意人。还有华人小孩在法国的评价也很好，即使有冲突也是因为他们的成绩太好，拿了太多的第一名（笑）。华人的抱团凝聚的生活方式使得外人很难进入。在人数不断增加过程中也产生过紧张情绪。总的来说，法国并没有对华人制定特殊的融入政策，法语班也是小规模的，要么是他们自己学法语，自己来融入，要么就自己随便了。"

当然，这个议员的说法并不完全准确。中国人早在第一次世界大战之前就移民法国，而且这三个阶段的划分都与特殊的政治事件有关，并不确切。实际上温州人在 20 世纪 80 年代初中国实行改革开放后就向法国移民，20 世纪 90 年代中期又有不少来自中国其他地方的人移民法国，但是，他所说的三次事件确实带动了中国人移民法国，而且他对中国移民的评价似乎也能代表法国社会的看法。而在他所描述的政策背景下，巴黎温州人又是怎样的状况呢？

笔者曾在以前的专著中指出，第一次世界大战中有不少温州人参战，战后就留在法国（王春光，2001）；法国大革命 200 周年的时候，确实有一些温州人以"政治避难""宗教难民""计划生育难民"等方式或借口获得了居留权，当然他们只是少部分温州人，而大多数温州人则是利用法国移民中的其他人道主义空间获得了合法身份。

　　　在 1974 年"关门"政策之后，移民的数量增长依然很快。这里面有个哲学压力：一部分是人道主义考量，我属于这部分；另外一部分是对世界地缘政治关系的分析得出的结论。（法国议员访谈，2013 年 9 月 17 日）

20 世纪 70 年代末到 90 年代，是温州人大批移民法国的时期，目前巴黎温州人中绝大部分都是在这个时期进入的，到了 21 世纪，进入法国的温州人就不那么多了，原因可能是国内发展快、机会多了。另外，有海外关系的温州人都走得差不多了。温州人大多是通过这样几个途径进入法国的：一是家庭团聚。法国的"关门"政策并没有禁止以家庭团聚的方式移民。家庭团聚合乎人道主义精神，这是法国所崇尚的。因此，不少温州人就利用这个政策来到法国，或者在法国获得居留证。有的人先自己偷渡到法国，待几年，获得居留证，然后回到中国，以家庭团聚政策，将子女和老婆或老公办理移民到法国，这就叫合法移民。而他自己又是如何获得居留证的呢？他们利用法国总统换届带来的所谓"大赦"政策，获得了居留证。晓尚就是这样，他1985 年以旅游名义获得签证，来到法国，滞留不归，到 1992 年获得居留证，接着回家将老婆和 3 个孩子都办理移民到了法国，依据的就是家庭团聚政策。欧洲有个申根条约，加入这个条约的国家之间不需要签证，来去自由。于是有的温州人在法国拿不到居留证，就会跑到意大利或者西班牙等国家先获得那个国家的居留证。相比法国，意大利是一个新移民国家，对移民的限制并不严格，因此在意大利获得居留证就比较容易。黄洁在法国待了几年，没有获得居留证，于是跑到意大利，花费了一笔钱，获得了居留证，然后回国想接老婆出国，但是老婆不同意。他在国内待的时间太长，超过了签证期，但幸运的是他女儿已经在法国获得居留证，于是他以看望女儿的名义获得签证，后来以"计划生育难民"的身份获得法国签证。他说："我们先到意大利拿居留证，然后再到法国。我意大利的纸张弄好了，我妈妈给我带信，让我回去看看，说我老婆身体不好。第一天拿纸张，我拿了一个 40 天的签证回国，结果我在国内待了 6 个月，签证过期，我回不去了。但是，我还要出去，我老婆一家人求佛让我不要出去。我来了8 年后，我太太才过来，她不想过来，我申请了三次都没成功。后来，我为了把老婆接来法国，先在意大利弄了一个居留证，回家后超过了居留证的有效期，结果回不去了，因为我女儿是1990年下半年过来的，所以我还能回去。我们办理难民证不是要反对中国政府，我就是以计划生育为由出来的。"还有的温州人则以过继给已经在法国获得居留证或入籍的亲戚、朋友当子女的名义，获得赴法签证。"对于通常居住在法国、与至少一位合法父母居住的青年人，无论是亲生的还是收养的，年满13岁，对父母的合法身份并没有明确的要求。重要的是，不要等到青年人18岁才提出申请。"① 刘静就是这样：他的姑妈和姑父早已定居法国，有合法身份，而他自己大学毕业，以过继给姑妈和姑父当儿子的方式在国内办理了公证，从而获得了法国签证。到了法国后，没过几年，他跟他姑妈和姑父的女儿（表妹）结婚，真的成为一家人。当然，过继的手续比较复杂，而且愿意接受过继的大多是很亲的关系，朋友之间比较少发生这种情况。

许多温州人都没有办法找到过继关系，而且法国后来对过继这个问题抓得很紧，从而也限制了相关行为，因此，他们更多的还是采用偷渡的方式。偷渡在移民发达国家的过程中是普遍现象，现在我们还经常从中央电视台的新闻中看到成千上万非洲偷渡者冒着风险，跨越地中海，有的人因船破而葬身海底。偷渡在许多国家形成了一个链条，有着很大利益，因此难以被切断。不少温州人以各种偷渡方式来到法国，他们或者先偷渡到东南亚，变更护照和身份，然后坐飞机进入巴黎；或者经过东欧或者中欧再跋山涉水进入法国；或者以旅游或者商务名义到了法国滞留不归；等等。偷渡需要给蛇头支付很高的费用，20世纪80年代需要8万元左右（人民币），到90年代上升到12万元以上（人民币）。例如，郑宁由于在国内做生

---

① http：//www.legifrance.gouv.fr/affichCode.do？cidTexte＝LEGITEXT000006070158&dateTexte＝20110627.

意亏本，欠下100多万元（人民币）债务，于是把自己新建的房子卖掉，凑足了30万元，于2000年夫妻二人共同偷渡到法国，每人花了12.5万元，加起来25万元，到2011年还欠9000欧元没有还。由于年纪偏大，没有人雇用，他就在自己家里办了一个服装代工厂，雇了几个工人，赚点钱养老。他们偷渡到法国，一般是先做几年黑工，然后找机会获得居留证。合法化机会还是蛮多的：一种是上面所说的家庭团聚。有的人年轻的时候就偷渡到法国，然后在法国生了孩子。既然孩子都生在法国，那么就应该给父母合法身份，这一点法国社会是支持的。在以前争取合法身份的游行中，那些年轻的妈妈用推车推着她们的婴儿或儿童，并排走在游行队伍的最前面，引发了法国媒体的极大关注，影响相当震撼，给法国政府很大的压力，迫使法国政府给予他们合法身份。

另一种机会是难民身份。难民身份五花八门，如政治难民、计划生育难民、宗教难民，等等，特别是80年代末和90年代初，只要是中国人提出自己是难民身份，大多会获得法国政府的认可。实际上，他们根本不是什么政治难民、计划生育难民、宗教难民。他们也承认这一点，但他们说，只要能获得合法身份，手段并不重要。到后来，法国政府才醒悟过来，对难民的审查就变得严格了。当然，正如法国前议员所说的：

> 我在难民法庭干过两年，这与经济考虑无关，是战后法国的国家责任，面对的是政治、民族、宗教迫害。对难民的收留工作有两层：第一层是政府行政局"难民与无国籍人士保护办公室"的审查，承认的话就给居留，当对方国家变好之后取消掉。但其实操作起来会有困难，有时候会弄错，而且审查有困难，比如虐待证明就很难找到，等等。一个西非的7口之家，给了4个居留，另外3个被送了回去，有2个被杀害了。但松一

些、给得慷慨一些也会有问题。第二层是难民法庭，在行政局层面没有拿到的、有疑问的才会来。法庭比较大，有60个小机构，每个机构由1个主席、1个联合国难民署的工作人员、1个政府代表构成，难民可以由1个律师和1个翻译陪同。难民陈述之后由翻译进行翻译，然后主席、联合国难民署工作人员、政府代表进行投票。这种人道主义的工作是没有指标限制的，但具体操作过程中，法官和政府代表未必清楚。（法国议员访谈，2013年9月17日）

最重要的机会就是法国总统换届选举后出现的所谓"大赦"，体现新总统的"人道主义"关怀，这给非法移民的合法化提供了很好的机会。法国一届总统任期5年，也就是说，每隔五年都会有一次"大赦"机会，但是每次因"大赦"获得合法身份的人数都没有统计。据法国内政部官员介绍，每年都有十多万人提交合法化申请，获得者一般有三四万之多。20世纪80年代和90年代，每次总统"大赦"都使十多万人获得合法身份。但是，2012年奥朗德当上总统后，便提出不再搞总统"大赦"，原因在于法国经济不景气，社会反移民情绪高涨。法国内政部出台了有关非法移民合法化新规定的通函，试图结束各地省府审批无证合法化的差异。通函明确规定，非法移民要在法国居住5年以上才能申请；在法国育有一个起码上学3年的孩子、起码居住5年的家长可获颁居留证，即使孩子的父母都是无证，全家合法化也是有可能的，这在法国是首次。对这个通函，所有支持无证的组织或协会都表示反对，认为这些规定太苛刻；右派也反对，认为这个通函会导致更多的非法移民涌入法国。[1] 这里不讨论这个通函是否苛刻，

---

[1] 《法国无证合法化新规并非大赦五年之限没商量》，http://www.chinanews.com/hr/2012/11-29/4369366.shtml。

而只指出，这个通函还是给了非法移民一些合法化的机会，同样包括给了非法身份的温州人合法化的机会。当然，目前非法的温州移民非常少，而非法的中国移民却不少，且有增加的势头，他们大多来自中国的东北、山东、河北、江西等地。

还有一部分年轻的非法移民为了获得合法身份，会选择去参军。法国军队中有不少雇佣兵，他们都来自移民群体，尤其是非法移民。法国法律规定，凡是在法国部队服役 5 年以上，就可以获得法国国籍。1953 年的郑宁夫妻虽然已经获得合法身份，但是他们的两个儿子偷渡到法国时已经成年，没有获得合法身份，因此就参军去了。2011 年还在阿富汗打仗。据郑先生说，他们参军已经 3 年多了，很快就要回法国。他们也很担心儿子在阿富汗的安全。巴黎温州人中就有一批这样的人，他们退役后都获得了合法身份，但他们由于是雇佣兵，都被派到最艰苦、最危险的非洲、中东等地方服役，随时都有生命危险。退役后，他们成立了一个外国雇佣军协会，会长曾在非洲服役 6 年。参军确实为年轻的非法移民提供了一条便捷的合法化之路，几年之后他们还感到许多荣光。与外国雇佣军协会的成员座谈的时候，笔者深深感受到他们为自己在部队中的历练、化解遇到的危险以及获得荣誉而自豪的感情。

法国对无监护的未成年非法移民有一项特殊政策，就是将他们收容到特殊机构，教他们学法语和文化知识，等他们到了 16 岁，就能获得法国国籍。"托付给福利机构的未成年人，如果在 16 岁之前被托付，将自动合法化；如果在 16 岁之后被托付，则并不是自动转成合法身份。"[①] 于是，就有温州人打起这方面的主意，让自己未成年的孩子跑到街头，碰到警察，就编造孤身来法国的故事，或者说自己父母抛

---

① http：//www. legifrance. gouv. fr/affichCode. do？ cidTexte ＝ LEGITEXT000006070158&date Texte ＝ 20110627.

弃了自己，或者说父母已经不幸早逝等，于是警察就带他们去收容孤儿的学校，让他们在里面学习和生活。这些孩子的父母经常跑去远远地躲到一个地方看望孩子，事先可能是约好的，有的父母就托朋友给孩子带去一些吃的、用的，当然朋友不会说是孩子父母的东西，而会说是自己的东西。有的被收容的孩子实际上已经超出 16 岁，但他们会谎称自己只有 15 岁或者 14 岁，而法国警察也难以识别东方人的年龄，因此很难看出 20 岁的真实年龄，往往就相信了这些谎报。当然，通过这种方式获得合法化的人毕竟是少数，并不是所有的温州人都愿意做这种违法和缺德的事情。但不管怎样，少数人为了能获得合法身份，会采取一切办法。这在这一定程度上也损害温州人的形象。

即使在法国一时不能合法化，一些温州人也会有其他办法，那就是跑到意大利、西班牙、葡萄牙等国，花钱取得居留证。笔者不知道他们怎样花钱以及花多少钱，但是，他们确实走了这样一条所谓"曲线救国"的路子。上面介绍的黄洁是先去意大利获得居留权，然后在法国以"计划生育难民"的身份获得法国居留权。在任何一个申根国家获得居留权，就可以到其他申根国家居住、生活和工作。所以，他们只要在意大利、西班牙或者葡萄牙等申根国家有了居留证，就可以在法国合法生活，就给自己留出更充裕的时间实现法国居留的合法化。巴黎的不少温州人在意大利、西班牙或葡萄牙都有亲戚朋友，因此他们到那边就比较容易获得居留证，而且这些国家对获得居留证的政策门槛比法国低不少，名额也多不少。

由此可见，法国移民政策从 20 世纪 70 年代中期开始收紧，采取零移民政策，但这并没有关闭移民的通道。法国的人道主义立国原则、现实需求和欧盟一体化（尤其是申根条约）使其无法移民仍然具有一定的政策空间。巴黎温州人正是充分利用了这些空间实现了身份从非法到合法的转变。由此可见，尽管法国乃至其他欧洲国家正在担忧更多移民的涌入，纷纷收紧移民政策，试图控制乃至阻断非法移民的涌入，但是，不论从价值观还是从社会现实来看，都难以做到，因为从非法到合法的空间和机会依然很大，无法改变。

第二节　"非法"的空间

这里所谓的"非法"的空间，不是指空间的非法，而是指"非法"有存在的社会条件或空间。上面讨论了从非法到合法的过程和机制，其前提是在合法之前非法是存在的。那么在法国这样的国家，为什么会有非法存在呢？其存在的条件和空间是什么呢？如果从小到大，从紧密到非紧密，至少有四个空间：私域、族群、公民社会和人道主义政策。当然，跟经济空间、社会空间、文化空间一样，这些空间不完全是既成的，也是经历建构的，或者说被建构的。

私域是相对于公域而言的，有着保密性和不可侵犯性，特别是在法治国家，私域受法律的严格保护，不受外部力量的随意入侵，而公域则是开放的，更容易受制于外部的力量。在国内外文献中，私域往往与私密、隐私和私有财产等紧密相连，指人们的基本权利，以及相关的生存和活动空间。对私域的保护如何，是衡量一个国家的法治水平的重要标志。法国作为法治国家，对私域的保护非常严格，警察不能随便进入私域进行搜查，如果非要进入，必须履行严格的法律程序，一般来说这种情况很少出现。所以，在法国，躲在私域空间，是很好的自我保护。非法移民都是待在这样的私域空间。有非法的温州移民告诉笔者说，他偷渡到法国，直到8年后获得合法身份，这中间基本上都是待在自己的房子里或者老板的加工厂，很少外出。警察不会轻易进入他们居住的房间，但是检查黑工是经常的事。发觉警察来的时候，他们可以从一个秘密的通道逃走。警察拿他们也没有办法。另一个温州移民说，法国警察一般不会在半夜三更检查，入室抓人，即使在白天，只要待在家里，就很安全。另外，有温州人说，如果你是非法身份，上街见到警察，你就远远地绕着他们，就可以不惹麻烦。总而言之，对于非法偷渡者来说，私域虽然不能起到绝对的保护作用，但显然是一个相对的安全"岛"或空间，在那里不会轻易地被发现和抓走。

非法移民的另一个生存空间或土壤则是他们自己的族群，或者说非法移民依附于自己的族群而生活。就巴黎温州人中的非法移民而言，他们中的绝大多数靠着亲戚朋友的帮助或关系来到巴黎，在"非法"身份期间，他们为自己的亲戚朋友或者其他具有合法身份的族群里的人打工谋生。进入 21 世纪，法国政府加大了对黑工的搜查力度，使雇黑工的老板面临更大的危险。因为在法国，黑工被搜查出来，不会被罚，而雇黑工的老板则会被严罚，因此，人们雇黑工的意愿远不如以前。但是，在巴黎温州人中，由于借助亲戚朋友的关系，黑工会受到更好的保护，甚至会换一种方式存在。除了在族群内就业外，族群还是非法移民的精神寄托和生活交往圈子。在长期的非法身份状态中，如果没有族群，那么他们的生存会非常困难，尤其是精神上会非常孤独。但是在巴黎温州人中，很多非法移民的生存和生活没有问题，他们享受着与亲朋好友的交往，并且当他们遇到经济困难时也会得到相应的帮助。

除了族群外，市民社会是非法移民获得帮助甚至庇护的空间。所谓市民社会，就是在政府与私域之间围绕着共同的目的、价值和利益而可以展现非强制性集体行为的社会空间。社会组织是最主要的市民社会载体。法国的市民社会不仅发展早，而且也非常发达。法国有不少社会组织，帮助非法移民争取各种权利，包括合法身份。我们在上一章提到的"第三团体""98 团体"等，都是由一些热心帮助非法移民的法国公民发起组建的，目的就是帮助非法移民实现合法化。在这些团体的帮助下，不少温州非法移民获得了合法身份。而在没有实现合法化之前，这些团体也能在一定程度上保护非法移民的基本生存权，比如有非法移民被警察局抓走，这些团体会派人去跟警察局交涉，有可能将非法移民保释出来。对非法移民进行庇护的团体还有支持无证者协会、法兰西避难之乡协会、CIMADE、教育无疆界（RESF）、劳工总联合会（CGT），等等。它们构成了一个强大的市民社会组织网络，以各种方式向非法移民提供各种各样的帮助。我们对CIMADE和无疆界教育网协会（RESF）进行了深度的调查研究，这里仅以它们为例详细介绍这些协会或组织是如何帮助非法移民的。

教育无疆界成立于2004年4月，宗旨是维护移民子女的受教育权利。成立背景是，当时在一些职业高中就读的外国人的孩子面临被驱逐出境的危险，学校里的老师组织起来成立了一个互助网络团体，帮助这些孩子争取他们的合法权利。这个互助团体成立后，整合其他愿意帮助外国人的社团组织（如协会、学生家长社团、教师工会等），共同开展活动，为移民子女争取教育权利。

在法国，儿童无论是合法身份还是非法身份都有权利上学，这已经成为国家共识。自从19世纪末法国开始建立世俗的、公共免费教育机构，这种共识就逐渐形成。从法国宪法、欧盟的《保护人权和基本自由公约》及联合国《儿童权利公约》来看，移民未成年子女均享有受教育权。但现实情况是，有一些学校拒绝接收外国学生入学；一些移民子女存在学业方面的困难；被拘留在行政拘留中心的孩子无法接受教育；在职业教育体系中无合法居留证件的已经成年的移民子女面临被遣送的危险。因此，教育无疆界主要围绕上述问题展开活动。而移民子女的教育问题，很大程度上与家长的身份问题相关联。因此，教育无疆界也参与一些帮助无证移民获取合法居留证的活动。

相对于CIMADE那样的正式社团组织来说，教育无疆界是一个非常特殊的新型网络组织。它没有办公室、没有财务、没有会员证、没有会长，也没有金字塔式的组织结构，总之，任何正式组织的要件都没有。

教育无疆界的参加者包括来自不同阶层的、不同政治主张的人士，但主要以退休的中产阶级、经常与学校接触的人为主。这些积极分子中混合着各种政治倾向和主张的人，包括共产党、无党派人士、无政府主义者、基督教组织、极"左"的和极右的。教育无疆界的组织动员方式主要是通过会议、网络和电话进行。通常，成员们会选择一个大家都比较感兴趣的议题，通过长时间的讨论和酝酿，形成活动方案。教育无疆界的活动是围绕具体的社会问题展开的，特别是围绕学校和家庭展开。教育无疆界的理念是非常具体的，就是"帮助身边的人和事"。

他们开展活动的方式主要有签名请愿、游行、悬挂横幅等。访谈中，该组织的负责人给我们讲了一个例子：

> 之前张先生被拘留，拘留中心准备把他遣返回中国。我们于是就做了很多传单，内容就是小孩爸爸被抓起来了，请大家签名请愿。我们征集到100多个签名。最后，聚集到学校门口参加请愿的有20多个人。结果，张先生被放了，后来还获得了合法身份。请愿的时候，我们在学校上方挂了一个大横幅，上面写了"给张先生自由"。请愿成功后，我们又挂大横幅，"我们成功了，谢谢所有人"。让大家看到斗争的成果。

同时，教育无疆界还与选民代表、议员、政府要员等政治人物会面，请他们写支持信。此外，他们还通过媒体如记者和作家向当局施加压力。

自成立以来，教育无疆界通过开展各种活动，取得了比较好的成效。特别是2004年组织的一次大的媒体运动，教育无疆界将一些被放在行政拘留中心的移民子女的照片发给媒体，通过媒体进行宣传报道，引起了社会的震惊。2006年6月，法国内政部发出行政通函，主要内容大概是，如果移民家庭在法国居住超过 2 年，同时至少有一个孩子在法国学校接受教育，其家庭有权申请合法居留。当时希拉克任总统，萨科奇任内政部部长。萨科奇执政的内政部出台的新规定对非法移民的合法化创造了有利的条件。

此外，教育无疆界还参与过无证者的罢工运动。2009 年，教育无疆界与工会等 11 个组织合作，其中也有 CIMADE，组织无证劳工上街游行。当时有 6300 多名无证者上街参加游行，争取身份合法化。这次运动在很大程度上改变了法国人对非法移民的印象。法国民众认识到这些无证劳工从事的都是最苦、最累、最难的工作，他们为法国社会做出了贡献，他们也是劳动者。最终，有 2000 多名无证者获得了合法身份。

如果说教育无疆界着重于解决非法移民子女的教育权利问题，那么 CIMADE 似乎更致力于解决非法移民的合法性问题，以及他们在非法期间的基本社会权利问题。该组织成立于 1929 年，是一个帮助维护移民权利的独立性互助协会。当时成立的主要目的是帮助那些第一次世界大战造成的流离失所者，后来慢慢关注移民的社会权利。第二次世界大战期间，德国入侵法国，法国东北部的人离开家乡流落到南部，很多组织向他们发放食物、衣被，并帮助准备证件。协会在不同的历史阶段有不同的任务。20 世纪 70 年代中后期，协会还帮助收留过因为政变而逃难来法国的智利难民。现在的工作关注点是在为外国移民享受社会权利方面提供帮助，如申请居留，生病时如何申请医疗保险和医疗救助、如何获得照料等。

CIMADE 是一个全国性的协会，在全国各省都有工作点，在海外省也有工作点。法兰西大区（大巴黎地区）CIMADE 有三大主要职责：一是陪伴移民并维护他们的权利，帮助移民获取居留证；二是与被关在监狱或拘留所的外国人进行接触，给他们提供帮助；三是通过研究、舆论和社会运动等方式推进移民的权利，反对歧视。协会被认为是一个捍卫人权的组织，对于移民来说，拿到居留证是生存最重要的前提。所以协会工作的重点是帮助移民拿到居留证。

从协会的工作地点来看，协会主要有两类：一是分布在各省市的办公点，有专人值班，接待移民来访，提供不同类型的咨询和帮助；二是在行政拘留中心。行政拘留中心是专门关押被警察抓捕、等待遣返的非法移民的地方。在那里，协会的工作人员一方面提供司法帮助，帮助移民了解上诉方面的程序，维护移民的社会权利；另一方面帮助移民缓解紧张、焦虑的情绪。

该协会的人员分两类，即专职工作人员和志愿者。法兰西大区总部有15位正式工作人员。他们出于政治上的考虑，比较同情移民。一般负责接电话、提供咨询，帮助获得居留证的工作。在法兰西大区有25个工作点，大概有250名志愿者。整个法国有2000名志愿者，一般每周值班一次。还有些移民陪同人员（陪同移民去警察局或者法院），大概有100人，他们是拿工资的员工，在海外省也有几个。协会的资金来源比较广泛，法兰西大区总部经费来源中，公共机构的占73%（包括中央和地方），企业捐助的占4%，个人捐助的占17%，通过培训等获得的占6%。政府提供的经费所占比例比较高。

该协会的主要功能是帮助移民获取权利、推动政策改变。除了在定点值班点给移民提供咨询、帮助行政拘留中心的非法移民外，协会还通过舆论宣传，向公众展示移民的文化和生活，宣传移民所作的贡献，增加法国普通民众对移民的了解。舆论宣传的方式包括网站、杂志、书籍、新闻报道、电影等。此外，非常重要的是协会与民意代表和议会议员有着紧密联系，特别是在大选或者是政府修改法律的时候，协会可以通过这些代表对政府的政策进行影响。此外，协会也会与其他维护移民权利的组织合作，比如举行罢工运动等，为移民争取权利。

该组织的很大部分工作是承揽政府的一些服务。该组织的一位负责人在接受访谈时说，"情况比较复杂，不同项目比例不同。如在外国人行政拘留中心的项目，国家支持的比例大，在协会经费来源中占比很大。在我们工作范围内，国家和地方比例不同。我们机构每个部门关注的点不同，我更关注医疗卫生，我会从卫生部或者医疗机构申请项目。国家给予的经费能保证拘留中心的外国人的基本权利，这项工作没有志愿者，都是全职工作人员，他们要处理一些不易完成的工作，例如很多移民会面临精神方面的压力，工作人员的压力也很大，还有很多紧急情况要处理，需要国家给予经费支持。2012 年总部不同途径经费来源的比例分别为中央政府占 40%，地方政府占 14%，私人捐助占 39%，其他占 7%。法兰西大区总部经费来源中，公共机构的占 73%（包括中央和地方），企业捐助的占 4%，个人捐助的占17%，自己通过培训等获得的占 6%。"由此看来，该组织的经费大部分来自政府，那么它能否确保组织的独立性和自主性呢？这位负责人是这么认为的："最大比例的经费来自政府，是会影响组织的独立性。但是，有价值观的选择，在独立性和经费方面发生冲突时，我们还是会选择独立性。几年前，由于我们与政府进行斗争，同时我们有一个政府项目，受其影响政府给的钱越来越少，现在面临被取消的危险，而这个项目的经费占国家给的经费的一半。这时，我们面临一个艰难的选择，但我们要坚持自己的立场，不会考虑失去这笔钱，也许有的协会会妥协，但我们不会，每个协会的价值观是不同的。又如绿色和平组织，完全不靠政府拨款，靠个人和企业捐助，给雇员付钱。他们的出路也是我们自己的出路。"社会组织要维护自己的自主性，在一定情况下需要考虑牺牲自己的一些利益，但是不管怎样，法国政府还是需要社会组织帮助它们完成一些政府做不了、做不好而只能由社会组织完成的服务。显然，社会组织是有自己的生存和发展空间的，这也为非法移民的生存留出了空间，提供了庇护的机制。CIMADE 就有这样的功能和任务。"多数值班点都不需要预约，有的人是听朋友介绍而过来的，有的是路过看到告示，知道了我们这个机构。多数情况移民过来咨询，首先面临的困难是语言问题，因为我们很多工作人员只说法语，所以中国人来的很少。协会的工作是帮助移民享受应有的权利，很多时候是给出建议。如果一个人生病了过来问，我们会给些建议，告诉他应该去哪个医院。帮助程度视移民面临的问题的复杂程度、对法国机构情况的熟悉程度而定。如果不会法语，对法国完全不熟，很焦虑，对于这样的求助者我们会陪同到底。有的会法语的，我们只给出些信息就可以。重要的是协会帮助移民做一些行政方面的工作。一些移民要求替他们做一些事情，如预约去警察局等。但是，这些机构还是要移民自己去，我们可以陪同，不能代替。有些移民刚来，不知道有哪些可以享受的社会权利，我们的工作是最大限度地让移民知道自己的社会权利，我们做了些宣传的小册子。"

但是，很少有中国移民利用 CIMADE 的服务为自己拓展生存空间。"中国移民的主要困难是语言。我曾经在拘留中心工作过，也遇到过中国非法移民。他们多数是年轻的单身男性，偷渡而来，他们非常不想接受帮助，因为不想让别人知道自己的国籍是中国，更不愿意与我们这类组织接触。现在，我做健康保险方面的工作，很少接触到中国人。有的时候，中国移民如果需要健康保险的话，会找别人陪同前来寻找帮助，有的时候孩子在法国上学的话，孩子会陪同父母来。如果有的人来寻求帮助，且帮助过程比较顺利，那么他也会介绍别的人来，感觉中国人这种人际关系比较普遍。"据我们的调查，大多数巴黎的温州人不知道有 CIMADE 这样的组织，因此，更别说找这个组织帮忙了。但是，不管怎样，这样的组织对于确保非法移民的生存空间和权益，无疑起着非常重要作用，为非法移民构建了重要的庇护空间。

总括而言，法国能为移民提供帮助的社会组织，有各种各样的类型，既有像 CIMADE 那样的传统社团组织，也有像教育无疆界那样的新型网络组织。首先,它们的工作的重点既有共性又有差异性。共性在于均致力于帮助非法移民获得合法居留身份,包括在现有政策的框架内告知无证移民如何申请、如何准备材料等,也有组织发起推动移民政策改变的社会运动。它们的差异在于服务的对象和领域。例如,CIMADE 的重要服务对象是在行政拘留中心的非法移民。同时,医疗保险和救助服务是其重要的服务内容。而教育无疆界的服务对象主要是在学校的移民子女及其家庭,维护移民子女的受教育权是其重点服务内容。此外,法国还有针对移民的反贫困、反歧视、住房等社会组织,不同的组织之间能够形成合作互补的局面。

其次,法国移民社会组织及其开展的活动呈现了新的特点,即学术界所称的"新社会运动"的特点。具体体现在以下四点。第一,从参与的主体来看,不再是传统的工人阶级,而是包括不同阶级的成员,其中新中产阶级是主力。第二,从目标取向来看,不是争取国家政权和进行资源再分配,而是追求自由、民主、人权等价值目标。第三,从组织形态来看,不是传统的科层结构而是社会网络,例如教育无疆界。第四,从社会运动的开展过程来看,往往是众多社团组织联合推动。

再次,法国移民社会组织与政府形成伙伴关系,但又不失其独立性。法国是一个移民国家,很多移民问题政府想解决,但自己又不愿意做,就委托社会组织来做。比如 CIMADE 承担的行政拘留中心非法移民服务的工作。还有很多组织,承担免费的法语课程服务、移民子女的课业辅导。这些组织的经费大多源自政府。例如 CIMADE 法兰西大区的经费 73% 来自中央和地方政府。但是,当政府的目标和社团组织的价值理念发生冲突时,通常社团会选择维护自己的价值理念,放弃政府的支持。

复次,法国移民社会组织能够通过各种方式影响政府政策。这种影响,既包括微观层面的,如对某个非法移民个人或家庭的判决的改变，也包括宏观层面的，如移民政策的修改。法国社会组织影响移民政策的途径主要有三种。一是公众舆论，通过宣传移民的境遇，改变公众对移民的看法，增加公众对移民问题解决的关注，改变立法者及政府对移民问题重要性的认识。二是政治联盟。社会组织与民意代表、立法委员、行政领导等权力体制内政治人物保持联系，请求他们的支持，推动政策的变革。三是发起社会运动，主要形式是罢工游行等，推动当局对移民政策做出调整。

最后，就中国移民对法国移民组织服务的利用和活动参与情况而言，二者都不是很积极。一方面的原因是语言障碍；另一方面是文化的影响。一般的问题，中国移民往往习惯于求助于中国人自己的社会网络，包括亲属和华人社团，或者是能够提供汉语服务的社团。对丁类似罢工游行等的运动，中国移民参与不够积极，一方面是因为对法国的工会和罢工不熟悉，另一方面，他们在国内也没有类似的经验。

第三节　福利政策

法国是一个高福利的国家。福利对移民的吸引力是巨大的。晓尚在出国前曾经"腰缠万贯"，20 世纪 80 年代初在中国已经赚到了 50 多万元人民币，在当时是相当不容易的，至少相当于现在拥有上千万资产的富裕者，但是有一天他发现了一本叫《密特朗的社会主义》的书，就被法国的福利制度所吸引，毅然决然地决定到法国谋生。后来，他也确实享受到法国福利的好处。他曾经患有某种癌症，生命都有危险，但是进医院做手术后，反而治愈了，自己也没有花一分钱。一个合法身份的移民可以享受这个政策。但对非法移民来说，就医也同样不存在经济负担的问题。笔者在法国碰到一对从山东某地偷渡到法国的夫妇，他们俩没有获得居留证，不幸的是丈夫被检查出得了跟晓尚一样的病。他们咨询了晓尚，才知道可以去医院看病，不管他们是否合法，都能获得免费治疗。于是这位男士没花一分钱做了成功的手术，这在中国似乎是难以想象的。他说，这次手术如果算费用，至少需要40万欧元以上，但是他一分也没出。手术后他感觉非常好，他见人就说，他是一位偷渡者，没有任何合法的社会身份，但是他照样可以获得免费而又有良好的医疗服务。由此，他从佛教徒变成基督徒，认为是基督拯救了他的生命。实际上这是法国的医疗政策使他获得了良好治疗。CIMADE协会的一位负责人介绍了法国的医疗保健政策，她说：

虽然法国和欧盟都对移民采取强硬态度，但是，欧盟和法国都强调对人的基本权利的保护，并在两种政策倾向中寻求平衡。一方面是维护边境，另一方面是寻求对基本人权的保护。包括如生病受到治疗、家庭团聚等。如果一个无证的中国人，他的妻子也在法国，他们生了孩子，妻子和孩子有居留证。如果有一天他被抓到拘留中心等待遣返，那么他有权利留在法国，他有与家人一起生活的权利。我们会优先考虑家庭团聚的权利。移民最基本的权利是要受到保障的，任何人不得剥夺。即使没有纸张，移民在生病的时候也可以去看病，孩子也可以上学，关于教育问题可以和教育无疆界的某个人进行交流。现在，重点介绍医疗问题。

健康是社会保障的一个分支，法国社会保障最重要的部分是在第二次世界大战后形成的，是在战后很多社会抗争运动中争取到的。社会保障主要包括工作、退休和健康。健康有两个大问题，一个是生病的时候去哪里看病，另一个是谁出钱。我介绍一下法国式的医疗保险体制。它是一种非常理想化的体制。这种体制下每个人都付钱，把钱付给需要的人。法国式的健康保险制度是全民保险，所有人都参保，无论是工薪阶层还是老板，收到的钱用于所有的人。这只是理想模式，还有很多缺点，但总的来说是一项不错的制度。20 世纪 80 年代以前，健康保险制度覆盖所有生活在法国的人，不分有无证件，当然旅游者除外。现在有倒退，开始区分有无合法身份。从 80 年代开始，享受社会保险的条件越来越严格，要求移民有合法身份，时间上也有要求，事情变得很复杂。工作、退休和疾病保险要求的时间不同。现在，我专门讲健康保险。

鉴于健康保险的运作逻辑，它是保险性质的，所有人只要工作，就要付保险金，不论是否生病，每月都要买保险，而生病时就可以享受报销的好处。2000 年以前，健康保险只是针对所有工作的人员及其家属。2000 年以后，保险范围扩大了，从工作者及其家属扩大到所有法国人，当然也包括不工作的人，他们享受同样的保险。

不工作和是否要付保险金，其实是两个不同问题。享受健康保险的条件是合法、生活在法国。凡是工作是要付保险的，从工资中扣除。对于不工作的人分两种情况，要看收入，如果收入没有超过国家规定的限度，也就是说，如果你是低收入者，就不用付费，免费享受。

合法居民之外的非法移民，采取国家医疗救助制度。这个制度是与保险完全不同的。保险是所有人付钱，所有人享受。而救助的钱不是每个人交的保险金，而是国家专门提供的一笔钱。涉及人群是无纸张的、低收入的一群人。为什么会存在这样的制度呢？比如一个人生病了去医院，无论是否有身份，医生必须治疗，这是没问题的。但是谁给他付钱呢？没有身份的人的费用就通过国家救助的方式支付。现在的情况比较危险，政府觉得负担沉重，此制度有可能消失或者发生改变。因为整个欧洲的经济不景气，欧洲倾向于减少社会性支出，但大家有共识，保证基本权利，如医疗、教育和住房。虽然社会支出减少，但是上述东西短时间内不会被取消。

　　显然，法国的医疗保险、救助以及相关的社会政策，都能确保所有生活在法国的人获得有效的治疗。尽管最近十多年法国政府乃至欧盟收紧了移民政策，但还是能确保每个人的基本医疗权利。当然不同的医疗保障会享受不同的医疗服务，甚至一些医院和医生不愿接受非法移民就医，但法律是禁止这种做法的。对此，CIMADE 的这位负责人进一步介绍了有关情况：

　　　　不同医疗保障服务不同，覆盖的范围会不同。服务内容的主要区别在看牙医和配眼镜方面，享受国家医疗救助（AME）补助的标准略低，但是基本的需求都能够得到保证。重要的区别在于，医疗保险不区分本国人还是外国人。医疗救助只针对没有身份和没有居留证的外国人，有时他们多少会受到侮辱，有的医生会拒绝治疗。如果是医疗保险，就可以规避侮辱的情况。虽然法律不允许医生拒绝治疗，但是在实际操作过程中会存在这种情况。去公立医院还是私人诊所就诊与用保险还是用救助没有关系，但是和医院及私人诊所的定价有关系。国家有一个定价，国家在规定的范围内做一定比例的报销，去哪里就医取决于自己是否愿意多付，公立医院比较遵守国家规定，通常利用医疗救助的会去公立医院。此外，社会保险还是个政治问题。我们的工资单有毛工资和净工资，可以看到二者的差别。社会保险金是由雇员和老板共同出的，各占 20% 左右。正是这样高比例的缴费才让多数人能够享受保险。有的时候，有的人认为此系统运转不灵。由于一些企业想办法逃避责任，现在社会保险的收支存在赤字。我认为如果企业和个人能够更好地履行社会责任，这个系统是能够很好地运行的。除此之外，老龄化和年轻人的高失业率都影响了社会保障制度的可持续性。因为社会分摊金的积累不多，而支出却很多。例如，我拿到手里的工资是 1700 元，我的毛工资是 2000 多元，中间差价四五百块，占工资的 20%，直接交社会保险税。所有成本都算上，老板要付的大概是 1700 元的 2 倍，大概是 3400 元。所以，企业的负担很重，很多企业都搬走了。

虽然法国经济并不景气，失业率比较高，人口老龄化严重，右翼势力抬头，法国社会政策变得不如以前宽容，但是基本框架没有大的变化，移民依然能享受到较好的社会福利。法国的社会保障以就业为基础，但对于没有就业的人员，包括非法移民，还是有不少救济救助措施的。人们对法国的社会福利还是比较信任的。因此，不少巴黎的温州人认为，尽管法国经济不景气，社会政策也没有以前宽容，但他们依然认为法国是他们愿意定居下去的国家，更愿意他们的子女生活在法国这样的福利社会。

政策具有建构和设定空间的"边界"的功能，比如哪些移民可以获得合法身份，哪些移民不可以；哪些移民可以享受社会福利，哪些人不可以。可以看到，在不同时期不同政策建构和设定的边界有所不同。这些不同的边界就会为移民的生存创造相应的空间，尤其是对非法移民来说更是如此。不论是从非法转向合法，还是非法存在，都有政策为他们提供相应的空间。与此同时，这些不同的边界虽然用于限定移民尤其是非法移民的行为，但是为他们所利用。比如，既然非法移民是非法的，不应享受作为合法标示的政策待遇，但法国的人道主义原则促使法国制定了确保每个人（不管是否合法）能生存下去的政策，这就与禁止非法移民的政策有着一定的张力和矛盾。既然非法移民有生存的政策空间，那么那些禁止政策就失去或者至少减弱了其禁止的效力。因此，尽管从 20 世纪 70 年代中期开始，法国改采零移民政策，但是并没有阻止移民进入法国的脚步。巴黎温州人中的绝大部分都是 20 世纪 70 年代之后进入法国的。其他国家进入法国的移民也是如此。由此可以理解当前法国难以阻止移民的窘境。

当然这并不意味着政策的"边界"建构功能不复存在了。相反，政策依然还是会为移民划出一些边界，将不少移民划在一定的边界之外，至少有这样的边界：合法与非法的边界；居留权与国籍的边界；不同工龄享受社会保障的边界；等等。层层边界是移民在法国获得融入所需要跨越的。当然，仅仅跨越这些边界，还不足以获得全面的社会融合。社会融合还需要跨越更多的不同空间边界，这是最后我们要讨论的问题。

第七章

弹性空间与社会融合

在讨论移民社会融合的研究中，空间的影响已经引起关注，少数民族聚居区理论（周敏，2013）和跨国社会空间理论（王春光，2001）都揭示了空间对移民社会融合的影响。但是，这些理论并没有深入地探讨不同空间维度是如何建构的、相互关系以及对移民社会融合的具体影响等问题。本书将空间进行细化，分别探讨了经济空间、社会空间、文化空间与政策空间，这些空间在移民的融入中产生和建构，反过来影响移民的社会融入。本章将对巴黎温州人的空间与他们的社会融合关系作进一步的理论探讨。

第一节　三重空间的建构

这里所谓的经济空间、社会空间、文化空间和政策空间，实际上就是移民空间的四个维度，构成了移民生存和发展的立体环境和价值。它不同于地理空间，是指由各种社会、经济、文化、政策乃至地理因素所构筑的人的生存和发展空间。在这样的空间中，人们获得了一定的机会、权利和其他支持条件。这些机会、权利和条件是受限的，有其边界，边界内外有着不同的含义和价值。跨越边界，意味着在不同空间中流动，也意味着占有更多的机会、权利和条件。这里就从边界建构、边界跨越等维度去理解巴黎温州人的经济空间、社会空间、文化空间和政策空间，由此可以确定他们所建构和占有的三重空间，即他们与中国的空间、他们内部的空间以及他们与法国社会的空间。这三重空间不是天然生成的，而是他们在与不同社会主体的互动中建构出来的。由于建构能力以及所处的社会经济条件不同，他们中不同的人可能会有不同的社会、经济、文化和政策空间，这意味着他们有不同的机会、权利和条件，处于不同的社会位置和地位。

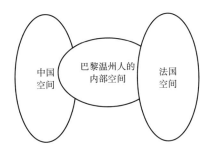

中国
空间

巴黎温州人的
内部空间

法国
空间

图 7-1 巴黎温州人所建构和占有的三重空间

巴黎温州人与中国的关系当然是相当紧密的，因为中国毕竟是他们的移出国或祖籍国。他们中绝大部分人在中国还有财产，还有相当多的人仍然是中国公民，就是我们通常所说的侨民。更重要的是，他们还在不断地利用和建构这样的关系，为他们开拓在法国巴黎的生存和发展创造机会和条件，这就是这里所说的与中国的空间生产和运作。虽然这个空间有着与生俱来的一些属性，但是也随着中国国内以及与国际经济关系的变化而变化，不断获得再造、建构和拓展，从原来的餐饮、箱包和服装加工的所谓"三把刀"经济演变为街区经济，最后再转向商城经济等，所有这些变化都与中国经济快速发展以及中欧关系变化和发展密切关联。20 世纪 80 年代和 90 年代，由于中国与欧洲的贸易往来并不多，存在许多障碍，中国产品没有什么竞争力，在这种情况下，温州人只利用中餐的特点和为法国商人代工等方式建立了自己"三把刀"的经济空间和形态。从 20 世纪 90 年代中期开始，温州人渐渐地在法国经济立足，中国的对外开放在扩大，已经有些商品开始向欧洲销售，于是一些温州人摸到了这个经济脉动，开始从事中欧经贸活动，在法国自己开设商店从事中国商品的销售和批发，街区经济得以形成，巴黎 3 区庙街一带就是见证。2001 年中国加入世贸组织后，中欧贸易消除了许多制度性壁垒，价廉物美的中国商品很快爆发出强劲的竞争力，越来越多的温州人放弃原来的"三把刀"经济，而专注于中欧贸易，由此温州人的商城经济在巴黎得以崛起和壮大。由此可见，温州人充分借用中欧之间贸易关系尤其是祖籍国中国的经济发展，重塑他们在巴黎的经济活动形态和空间。这是他们在建构和生产欧洲与中国之间的经济空间。当然，在这个空间中，不同的巴黎温州人有着不同的位置和条件。有的人不仅从中国批发商品，而且在中国投资办厂，甚至在中国投资房地产。也有一些巴黎温州人与中国的经济来往很少，其经济空间很小，他们或者是打工者，或者是在巴黎做点外卖生意等。在这个经济空间中，凡是与中国经济交往越密切的人越是处在高的社会经济位置，反之则处于低位和边缘。

经济活动需要其他社会、文化和政治条件的支持。在中国国内是否有广泛而优质的社会关系，决定了在中国能做多大的生意，拓展多大的经济空间。一般来说，巴黎温州人都是借助他们在中国国内建立的社会资本、人脉关系开展经济活动的。所以，有一些巴黎温州人千方百计、想方设法在中国国内的政协担任委员或谋个列席资格，这样就能有了与地方官员建立关系的途径；当然要在国内谋得这样的身份，首先要在巴黎温州人内部成为某个协会或组织的会长，这样他就会在中国国内被认定为侨领，那么中国国内不同层级的政协在选择华侨作为某个机构的成员时就会考虑到他（或她）。与国内政府、党、政协、人大内的一些干部和领导建立关系，对巴黎温州人开展与中国的经济活动显得尤为重要。当然，侨领也成为中国国内各地招商引资的重要对象，他们回中国，经常会受到很好的招待。由于有这样的人脉关系，他们在中国国内投资就省却了很多手续和成本，比如享受到不少优惠政策，快速地获得商业机会的信息等。这也可以说是他们在中国国内所享受到的政策空间，同时在一定程度上形塑了一些地方特别是家乡政府的政策空间。同样，不是所有巴黎温州人都有如此的政策空间，他们会转向亲戚朋友关系，与他们合作从事经济活动：或合作办厂，或在中国国内组织货源，或者由中国国内亲戚朋友作为代理人处理国内经济事务。当然，如果没有政策空间，也缺乏中国国内亲密的社会关系，那么，这些巴黎温州人就难以与国内构筑自己的经济空间。总而言之，在与中国国内打交道的过程中，经济空间依赖于政策空间、社会空间乃至文化空间而得以建构和扩展，反过来经济空间也能促进政策空间、社会空间和文化空间的拓展和再生产。那些缺乏政策空间、社会空间狭小的人就很难在中国国内乃至与欧洲之间建构起自己的经济空间，同样由于没有很大的经济空间，反过来也限制了他们在中国国内拓展更大的社会空间、政策空间。

在中国国内建构和拓展的空间也有助于他们在法国社会拓疆扩土，建构和拓展与法国社会的空间。两者是相互推动和建构的。在巴黎温州人中，往往是那些已经在法国生意做得比较好的人，到中国国内也做得好，反过来，在中国做生意做大了，在法国生意也会做得更好。特别是从 21 世纪开始，中国加入世贸组织，中欧贸易关系快速发展，不少巴黎温州人从中受益，甚至有的人是在中国赚钱发财的。他们赚了不少钱后，又回到巴黎，在巴黎投资。当然更多的人是从中欧贸易中赚钱的。巴黎温州人在法国，一直在不断地拓展自己的经济活动空间，从中餐到皮衣、箱包加工，服装代工，再到做贸易、做自己的品牌，经营领域不断扩大，使他们成为在法国经济生活中显得越来越有影响力的人群。经济空间扩大，也助推他们在法国社会中的影响，于是有一部分人渐渐走进了法国人的一些生活、政治空间，并开始塑造他们在巴黎独特的移民空间。温州人成为奥贝维耶勒一带有影响的人群，连当地的（前）市长都认为，由于温州人的进入，带动了地区经济的发展和繁荣，因此，留住和吸引更多的温州人进来，成为他的工作重点。他甚至说，希望通过引进温州人，改变该市的人口结构。市长先生与温州商人交往比较密切，经常出席温州人的一些重要活动，当然温州人也借助市长，更多地参与到法国社会。另一个例子是，一位温州老乡跟奥贝维耶勒的国会议员认识，因此，约好了这位国会议员，带笔者进法国国民议会大楼参观、旁听议员辩论、观赏议长出席会议前的庄严仪式，并免费品尝议员们的午餐。最令温州人自豪的是，每年春节法国总统都会在他的爱丽舍宫摆下筵席，招待部分中国移民，其中有不少是巴黎的温州人。他们可以近距离聆听总统的讲话，参观总统府，甚至与总统合影留念。这样的规格是他们在中国都难以享受到的。虽然这仅仅是一种仪式，但对巴黎温州人来说，则是他们在法国社会立足的象征之一。另一个体现他们在法国社会有影响的是每年一度在巴黎 3 区举行的春节游街活动，龙灯、旗袍、灯笼、中国结等在街区的展示，吸引了大量法国人驻足观看，还吸引了一些法国人直接参与。这表明中国移民向法国文化注入了新的元素，并彰显他们是一个有深厚文化底蕴的移民群体。当然，这在 18 年前是难以见到的。

同样，并不是所有的巴黎温州人在法国都能拓展这样的经济、社会和文化空间，而且这样的空间并没有与法国社会实现完全的融合。巴黎温州人中只有少部分人能进入法国的社会空间，但这种进入是很有限的，更多的还是停留在表层的、象征性的层面。进入法国的经济空间相对深一些，表现为：为法国厂商代工，向法国商人提供货物，直接向法国消费者销售商品，甚至还雇用少数法国人等。经济互动并不一定带来社会互动和社会空间的拓展，且更多停留在利益交换上，而情感和认知交流较少，不足以形成社会交往和增进社会资本。

进入法国文化空间的难度可能是最大的。虽然有不少温州人在国内就皈依基督教或天主教，还有不少人到了法国后皈依这些宗教，但他们依然是在自己组建的教堂开展信仰活动，很少参与法国的教堂活动，与法国的教徒也没有什么交往，更谈不上信仰交流。在信教活动中，巴黎温州人还掺杂进他们自己的文化传统和生活习俗，比如他们在念圣经或举行婚礼的时候与《论语》进行对比和互相解读，还有的信徒编写怀念祖国的诗歌，在唱诗班里歌唱。所以，他们建构的是自己的信仰空间。至于那些佛教徒，与法国社会的交集就更少，尽管有少数法国人对佛教产生兴趣，来到温州人兴建的佛堂参加活动。相对而言，佛光山在巴黎的分部则有更多的法国人经常参加佛事活动。文化沟通难于经济交换，当然有时候经济交换也带来文化沟通，如中餐馆就餐可以让法国人懂得中国人的生活不同于法国人，同样中国人喝咖啡吃西餐也知道另一种生活文化的存在。但是不管怎样，穿越文化空间边界而进入另一个空间，往往会碰到一层难以穿透的隐形的"铜墙铁壁"。

由此可见，巴黎温州人已经深入并建构着法国的经济空间，并在社会空间上也有所突破，但深度不够；由于中间隔着一层难以看见的文化"铜墙铁壁"，他们就难以进入法国的文化空间；政策空间的使用在不同时期是有所不同的，但总的来说，政策空间是可以进入的，并为他们提供了可靠的生存保障和福利。

第二节　移民空间与社会地位的建构

移民空间存在不同的维度和领域，从而构筑成复杂的立体形态，而处于这个空间的不同位置，就意味着占有不同的权利、机会和条件，这就是这里所说的社会地位。也就是说，在不同空间中活动，就意味着有不同的社会地位。从巴黎温州人中，我们看到的是：如果是能穿越不同边界、在三重空间行走自如的人，则属于上层；如果是只在三重空间中的某两重空间中行走，只能属于中层；其他那些不能穿越空间边界的人往往沉淀在巴黎温州人群体内部，属于社会地位最低阶层或者说边缘化的人群。

之所以有的人能跨越不同空间边界而有的人不能，是因为这种跨越需要一定的能力和机制，并不是所有的巴黎温州人都拥有这样的能力和机制。我们的研究表明，资本、权力与社团决定了巴黎温州人在中国国内、群体圈内和法国主流社会游走的三种机制。在中国改革开放的80年代和90年代，招商引资成为各地政府工作的重中之重，有钱、能赚钱的人特别受到中国国内政界的看重，是招商引资的重点对象。因此，巴黎温州人中那些有钱人在中国国内获得了相当多的政府人脉和影响，因为钱与权是可以互生、互赢的，有钱者受到有权者的青睐，从而赢得了赚更多钱的机会，而有权者通过各种优惠吸引有钱者投资，推进地方经济发展，从而以此获得上升的资本（当然还有其他方面的收益）。因此，有钱的巴黎温州人在国内都能获得一定的社会地位和政治地位，比如担任县市级乃至省级政协委员等。迄今为止，似乎还没有人获得过全国政协委员身份。反过来说，没有多少钱的华侨华人，就难以在国内获得同等的待遇，也难以获得相应的权利、机会和支持等，更不具有广泛的人脉关系和社会资本。总之，他们在中国难以取得较高的社会地位。

同样，在巴黎温州人圈子，有钱的人可以进入社团高层，从而进入群体内的高层，这意味着他们有很高的社会地位。或者说一些巴黎温州人为了获得较高的社会地位，千方百计争取在某个社团内担任一定的职位，比如会长、副会长、常务理事等，甚至不惜花钱换得，有的人甚至为此进行"火并"，并使用一切可能的手法。他们之所以这样做，不仅仅是为了面子，而且更多的是为了能利用社团中的位置，去中国获得更高的社会地位和政治地位。在社团中担当什么职位，对回中国国内能享受什么样的待遇，有着非常重大的影响。那些进入社团担任会长、副会长的巴黎温州人回到中国国内都会被当成侨领看待。因此，不少人认为，在巴黎温州人社团中担任会长或副会长是一件荣耀的事，所以就有人为这样的位置而争斗不已，即使两败俱伤也在所不惜。沉淀在巴黎温州人内部的那些人由于没有多少钱，不会去参加某个社团，一方面他们觉得想去参加某个社团，会被周围的人瞧不起，甚至会得到无趣的回报和结局；另一方面参加社团不仅需要缴纳一定的会费，而且在平常参加各种宴席和其他活动也要自己掏钱，这对他们来说是很大的经济负担和压力。因此，凡是在巴黎温州人社团中担任一定职位或者成为其成员的都是有一定的经济实力的，他们属于巴黎温州人中的上层或者中层，而没有参加者则属于社会底层，当然也不排除个别有钱人不愿抛头露面的情况。

虽然所有巴黎温州人生活在法国，但并不是每个人都能进入法国的主流社会。跨越巴黎温州人圈子与法国主流社会的机制是社团、教育、语言和理念。总体上来看，巴黎温州人融入法国社会的程度并不高，他们在经济上的融入表现远好于文化、社会和政治方面的表现。但是，总有少数巴黎温州人会走在前头，他们大多是第二代乃至第三代，在法国出生、成长和受教育，因此在语言上不存在障碍，对法国文化的理解也比较深，有个别人开始参与到法国政治活动，比如当选为巴黎一个区的副区长。虽然副区长在法国不算是官员，甚至没有薪酬，但这意味着他们在政治上的进步。还有一些巴黎温州人凭着他们的经济条件以及在社团的参与程度，与法国主流社会有了比其他温州人更多的互动和参与。

巴黎温州人组建了不少社团，但是，社团在推进他们融入法国社会方面作用并不大，相当有限，主要表现在每年春节游街和表达权利方面，在其他方面几乎难见其踪影。最近的十来年，法国经济并不景气，但是移民人数不断增加，巴黎温州人面临的环境比以前更为复杂，尤其是一些温州人成了被公开抢劫的对象，以至于受重伤乃至死亡。比如2016年就有一个温州人在奥贝维耶勒一带被抢劫者打死。于是，一些温州人社团组织大家上街游行，喊出"反暴力、要安全"的口号，在法国社会产生了一定的影响，使法国政府尤其是警察开始关注巴黎温州人的安全。但是，能组织或愿意组织此类游行的社团并不多。当然，有一些年轻的巴黎温州人后代为了维护自身权益，组织起来，积极与法国媒体打交道。由于经济不景气，少数法国媒体经常对巴黎温州人进行污名化报道，影响了他们的形象，因此，这些年轻人以社团名义，发表自己的看法和声明，写函交涉甚至上门找媒休负责人交涉，要求登报道歉，取得了不少的效果，提升了巴黎温州人在法国舆论界的地位和影响力。

大多数巴黎温州人与法国社会的交流，存在语言、教育和理念的障碍。他们几乎没有受过法国教育，对法国文化知之甚少，更不理解其文化价值观和理念。法语水平有限，严重制约了他们与法国社会的交流和理解。有些温州人面对法国人，连嘴也不敢张开，别说讲法语了。有法国老师说，每次给这些温州家长打电话，对方一听是学校老师，就马上挂掉，不敢接听，怕出洋相。更多的温州人由于忙于做工赚钱，没有时间也没有渠道与法国人交往，即使有，也没有能力去交往。有的温州人自己不会说法语，就叫子女给他们站服务台，与顾客打交道，引导顾客消费。有的温州人给其他温州人打工，从早到晚工作，没有时间和机会接触法国人，更别说深度的交流和沟通了。还有的温州人没有合法身份，更不可能与法国人交流。于是，出现了一群只能生活在自己群体内部的巴黎温州人。连一些法国人都说，他们真不知道这些来自中国的温州人在干些什么、想些什么乃至怎样生活，他们是个非常封闭的群体。

不同空间意味着不同的资源和机会，而不同的机会和资源反过来会影响到人们的社会地位实现。能在中国、巴黎温州人群体以及法国社会空间中穿行自如，意味着拥有这三个空间的资源和机会。这些资源和机会叠加在一起，产生倍增效应。当然，能做到这样的人在巴黎温州人中为数不多，是他们中的顶尖者或者最高地位者。大多数人基本上在中国与巴黎温州人两个空间中穿行，难以进入法国社会。在这两个空间中穿行的基本上属于中间地位，没有突出的表现，但也不是太差，他们是巴黎温州人中的中等阶层。剩下的便是底层人群，他们的特点是纯打工者，收入比较低，甚至还有一部分人没有合法身份，他们只能蜷缩在自己群体内部的空间中，渴望有一天获得合法身份或者有自己的小生意而当上小老板，然后可以体面地去中国探亲访友。当然，这部分温州人的数量在减少，原因在于后续移民法国的温州人在减少，而先前来的不少温州人都渐渐地获得了合法身份，并开设了自己的门店或者做起了贸易生意，有了自足的经济能力。

第三节　空间与生存、发展

移民空间与移民的生存、发展和社会融合之间的关系是相当复杂的。威尔逊在研究中发现，一些衰败的内城往往是黑人集中居住的地方，那里形成与外部社会完全不同的贫穷社区，出现社会断裂。在这里，内城成为阻碍黑人与其他人群融合的社会空间（威尔逊，2007）。印尼在苏哈托执政时期（1966～1998年）采取同化政策，"华人性也被广泛认定为一种危及国家团结的'内政'问题［通常称为'华人问题'（Masalah Cina）］。由于将华人掌控印尼经济视为一种问题，新秩序政府企图借由实施军人主导的'同化政策'（Program Pembauran）来解决该问题。这项政策规定任何带有华人性的标志和识别都必须全部移除，并且迫使这个被问题化的族裔群体浸没于官方建构的地方文化。"（云昌耀，2012：21）在苏哈托统治集团看来，任何移民的独立社会空间都是对国家安全的威胁，都是需要被排除和取缔的。但是，这样的排斥和限制并没有完全解决这个问题，也没有消除华裔的族群性。移民空间不是可以被轻易地通过行政和政策屏蔽和剔除的，也并不都是消极的乃至危险的。1998年印尼经历民主化后"多元合一"重新回归前台，移民空间获得认可，不但没有危害到国家秩序，反而激发了移民参与国家发展的能动性和积极性。因此，有研究者发现，并不是所有少数民族族裔聚居都是贫民社区，相反，有些区域还充满经济活力，并发展出自己的经济。当然这里也会存在一定的张力，即富裕了的移民会搬离族裔居住区（周敏，2012）。因此，移民空间对移民和移入国究竟意味着什么？周敏教授以对亚裔群体的研究中提出的"亚裔悖论"（Paraox）和"族裔资源"（Ethnic capital）两个概念来阐释，对我们理解巴黎温州人的空间研究有重要的启示。亚裔悖论指外部社会对华裔族群的刻板形象和定位给华人融入当地社会的过程造成的显性和隐性障碍，而族裔资源指华裔利用自身的优势和资源去应对所遇到的困境和障碍，获得自己生存和发展的空间和机会（周敏，2012）。

巴黎温州人的空间建构与他们面临的悖论以及所拥有的资源直接有关，或者说是两者相互作用的结果和表现。这里先从资源角度来理解巴黎温州人的空间现象。从对巴黎温州人的实证调查和研究中，我们发现，空间既是移民的资源，又是他们的局限或者说他们拥有资源的边界。总体而言，巴黎温州人都愿意在自己的移民空间中行动，所以，并没有出现一些人富裕后搬离自己族群聚居区，也不愿意离开自己族群的社会圈子，因为对他们来说，这个圈子是他们生存和发展的基础和资源，离开了这个圈子，就会丢失这样的资源和基础。因此我们看到的是，在过去十多年中，富裕起来的巴黎温州人并没有离开他们的圈子，而是以分层的方式进一步巩固、扩展和丰富自己族群的移民空间。

对巴黎温州人的生存和发展来说，移民空间是文化载体、经济活动平台、竞争力基地、身份地位源流和生活空间。与其他移民族群相比，巴黎温州人在许多方面是没有优势的，比如第一代受教育的水平比较低，没有接受过法国文化的影响，法语水平也很低，而且他们的移民身份也没有优势。许多来自中东、北非乃至撒哈拉沙漠以南非洲国家的移民，他们的移出国或者曾是法国前殖民地，或者受法国影响很大，他们或者会说法语，或者对法国文化有比较多的了解，许多人还作为政治难民受到法国的优待等，而温州人都没有这样的优势，甚至连来自东南亚的潮汕人都不如。但是，温州人靠的就是他们彼此信任、互助和抱团的传统。这就是他们最重要的"法宝"，不仅帮助他们来到法国，而且帮助他们在巴黎发展自己的产业、构筑自己的经济形态。一旦离开了温州人这个群体和空间，作为个体的温州人几乎缺乏竞争优势，更谈不上融入主流社会。合作入股、一起做投资经营，在巴黎温州人当中是比较普遍的现象，他们靠这样的合作赚钱致富，同样他们富裕起来后，更需要合作入股，因此，他们就更无法离开这样的空间。

同时，左右和影响他们行为的另一个因素是对身份地位的追求。巴黎温州人的社会地位和身份体现在两个空间：一个是中国，另一个就是他们群体内部。在中国的社会地位和身份也取决于他们在群体内部的地位和身份，因此族群内的身份地位对他们来说至关重要，于是就会出现为了争夺某个会长位置而不惜使用暴力的现象。当然，这种暴力显然会破坏他们的合作，但也是在大的合作框架内竞争以获得更好的位置。对他们来说，即使很有钱，在法国社会也难以获得他们想要的身份地位，这反过来强化了他们对族群空间的重视。族群空间的身份地位塑造频繁发生，并且成为他们生活的重要内容，比如接待国内官方代表团、举办社团换届就职仪式、回中国参加国庆庆典、为中国发生的灾害而捐钱捐物、参加中国侨务部门的各种活动、建立帮助中国国内贫困人群的基金、给家乡捐资助教修路，等等。之所以参加这些活动，是为了展现和塑造身份地位。凡是参加者，意味着有一定的社会地位和身份，而那些不参加者，自然不会被族群内部所重视，也难以获得较高的社会地位和身份。由此可见，他们在巴黎自己群体内的所作所为与他们在中国获得的身份和荣誉之间，存在相互强化和建构的关系。

虽然移民的动机或动因很多，但他们最重要的追求还是改善经济生活条件，比如获得有更高收入的工作，更好的工作条件，更好的福利，等等。但是，他们并不会（或不能）彻底放弃自己原先的生活方式和文化。作为中国人的一个亚群体，温州人的生活方式和文化很有特色：有自己独特的语言、人情世故、饮食习惯和娱乐消遣等。比如许多年纪大的温州人喜欢听温州昆曲和道情，所以在巴黎的温州人集聚区，就能听到播放的唱词录音，在温州人开办的杂货店或书店可以买到录音带。温州人喜欢吃海鲜，温州菜中海鲜是必备的，烧制很讲究调料配置，如年糕炒螃蟹、螃蟹酱等。温州人不吃这些，似乎少了乐趣。温州人很讲究人情往来，做什么事都要有人情，虽然有时他们觉得是负担，但是没有人情的生活就失去了乐趣。当然，每个地方的人都有自己的特色生活方式，但是，温州人更重视和偏好自己的特色，因此他们不愿离开自己的族群而单独居住。在巴黎温州人聚居区，人们会感受到那里的温州风情：饭店的温州饭菜、超市销售的温州食料以及时不时听到的温州话戏曲。至于温州话，更是温州人的标识，在异国他乡，并没有与温州本地不同的感觉。全世界的唐人街也许都有这样的特点，这就是华人在国外建构出的家乡风景和场域，以保留他们的生活习惯和文化记忆。

也许有人说，温州人之所以在异国他乡聚居生活，是因为他们无法融入主流社会。这个观点相当普遍，也似乎很有道理。但仅仅以此来解释温州人的聚居问题，是不够的。他们聚居还有更大的原因，只有这样，他们才能在异国他乡获得立足之地和发展之路。有了移民空间，为个体提供了庇护，减弱了主流社会的排斥力度；与此同时，移民空间可以为移民积累发展和竞争条件，可以通过凝聚社会资本和经济资本，为发展提供基础；移民空间还是一个内部市场，基于这个市场构筑的内部经济交换体系，可以创造一些就业机会和发展空间。因此，在巴黎温州人聚居区，我们会看到，他们中不少人是为内部的生活提供各种服务，比如饮食服务、蔬菜服务，等等。由此可见，移民空间为巴黎温州人提供了重要的生存和发展资源，是他们得以在法国乃至欧洲立足的平台。

第四节　空间的突破、局限和挑战

任何空间都是有边界的，包括地理边界、社会边界、心理边界乃至文化边界。在边界内，可以动员一些资源，创造一些机会，保留一些原有的生活方式，并形成一定的认同。但这样的边界毕竟会限制内外人员的交流、沟通，甚至会制造偏见、歧视和冲突，同时也会限制本群体的发展。从这一角度来看，巴黎温州人确实在建构移民空间上面临悖论、局限和挑战。

从经济上看，在过去 18 年中，巴黎温州人努力地应对内外部的发展和变化，调整其经济形态，表现出很强的适应能力。但是，当前他们在经营活动上面临的挑战确实很严峻。首先是他们的产业结构单一、技术含量低，他们经常经营相同或相似的产品，并由此导致恶性竞争，比如许多人销售和批发服装、鞋类，结果出现了服装和鞋积压。据他们自己说，大约有三分之一的巴黎温州经营者是亏本的。更大的挑战是电商的快速发展，传统的经商模式越来越难以与之竞争，以至于一些温州人顾虑重重，认为温州人的这套经营模式在未来 5 年内就没有前途，必须要提早思变、寻找对策，否则死路一条。其次，由于欧洲经济不景气，欧洲的生产厂家和经营者提出对中国产品开展反倾销调查和惩罚，从而损害了巴黎温州人在经营中欧产品中的利益。再次，由于经济不景气，法国财政收入明显减少，影响了法国福利，于是一些法国媒体开始炒作巴黎温州人的偷漏税问题。实际上，欧洲其他国家也是如此。动作最大的是西班牙 2012 年发动的"帝王行动"，打击各种偷漏税、洗钱行为，西班牙的多个温州人被抓走。2015 年，所谓的主犯拿出 40 万欧元取得保释。税收征查运动，确实很影响温州人的经营活动，因为他们确实存在平时收现金的行为，其中不免有一些偷漏税问题。还有一点就是社会治安恶化，特别是针对巴黎温州人的治安案件比以前增多，影响到他们的生活和经营。他们多次上街游行，要求法国政府当局加强对他们居住和经营区域的警察力量，并对抢劫、盗窃行为加重打击，但是法国法律限制了对偷盗行为的打击，因此使偷盗抢劫更加肆无忌惮，伤害了巴黎温州人的经营积极性。最后，欧洲经济不景气会直接传导到巴黎温州人那里去，他们的生意明显受到冲击。由于巴黎温州人的经济得力于其内部以及中欧贸易，群体内部市场对于支撑其初期的发展，是有巨大贡献的，但现在仅仅靠内部市场不足以支撑温州人的经营，因此他们不得不开始寻求外部社会的市场。由此，他们纷纷寻找外部市场，比如一些人开始购买巴黎的咖啡馆，转向圈外的生意，但这样的人毕竟还是少数，不足以拉动整个巴黎温州人群体的经济发展。

巴黎温州人内部的社会分化则是另一个挑战。有相当一部分温州人不能跨越三重社会空间，只能"龟缩"在族群内部的底层。与 18 年前相比，而今在巴黎，白手起家创业的空间越来越小，难度越来越大，能赚钱的行业越来越少；而他们子女的学习条件和动机都比较差，因此，他们看不到子女通过教育实现其社会地位上升的希望。虽然目前这样的贫富差距拉大并没有对巴黎温州人群体产生明显的负面影响，但是，贫富差距及其伴生的问题变得越来越严重，并不断积累起来，在不远的将来会构成对本群体生存和发展的威胁。特别是一些年轻人找不到赚钱的活，会结伴组建暴力团伙，以敲诈本族群人为营生。

与此同时，在巴黎华人华侨中，巴黎温州人与来自中国其他地区的人之间也有一些不和谐的关系，冲击着巴黎温州人群体的生存和发展。随着越来越多的中国学生来到法国留学，他们中有一些人边学习边打工，有的会去找巴黎温州老板，给他们打工，与巴黎温州人形成了另一个互动的社会群体。这个群体的特点是学历高但对现实了解和体验远远不够，他们在观念、身份以及行为上与巴黎温州人有很大的差别，虽然给温州人打工，但是并不一定瞧得起温州人。反过来说，后者也不一定瞧得起前者。留学生们认为自己学历高，不应该伺候"土老帽"的温州老板。而温州老板则嫌弃留学生只会动口不会动手、眼高手低，做不了什么事，但有一些文字工作确实需要这些留学生。因此，相互鄙视，自然会在工作和生活中产生一些冲突和矛盾。但是，目前给温州老板打工的留学生毕竟是少数，没有形成大的社会问题。与之相比，一群来自中国东北（大多是偷渡去的）的人，他们大多年纪偏大，在40岁以上。他们在国内遭遇企业下岗、离婚等问题，偷渡到巴黎，是为了找份高收入工作，有点淘金梦。他们到了巴黎，语言不通，又没有像巴黎温州人那样的老乡群落，只得在华人华侨圈内找工作，大多是给巴黎温州人打工，女性被温州人雇去当家庭保姆，男性帮温州人搬运东西等。但是，东北人与温州人在生活方式和文化上又有明显差距，因此，不免会产生各种摩擦和冲突：温州人嫌弃东北人干活不认真、不卖力，而东北人则嫌弃温州人受教育水平低，认为温州人都是土豪，不愿给温州人当工人。有温州主妇抱怨聘请的东北保姆，扫地不注意角落卫生，烧菜太咸，爱放酱油，说话带脏字影响孩子，多干点活都不乐意；有东北女性抱怨温州人太苛刻，动不动炫富，穿金戴银，没有气质等。由于东北人难以进入温州人经营的行业，也没有温州人那样的社会资本，因此，他们绝大多数没有成为老板，有一些人开始抱团，并存在向黑社会方向发展的可能。当然，需要指出的是，绝大多数来到巴黎务工的东北人还是兢兢业业地靠打工生活，容易产生不同群体之间的相互指责和不好印象的只是个别现象，这在移民的社会认同建构中是普遍现象。

当然，最大的挑战是法国乃至欧洲在对待移民上呈现严重的右倾化态势，排外情绪在滋长和蔓延，这跟经济不景气冲击福利供给有着紧密的联系。国民阵线是法国最右倾的政党，在过去几次选举中都取得了不错的战绩，支持率达到了20%左右，这在历史上没有过，2017年的法国总统选举，代表国民阵线参与竞选的玛丽亚·勒庞在第一轮投票中获得参与第二轮选举（得票率高达23%以上，比前几年又有所提高）。与过去直接攻击移民不同，国民阵线采用了更具技巧、更隐蔽和委婉的手法反对移民。面对越来越有社会吸引力的右倾化，巴黎温州人开始关注法国政治，特别是那些加入法国籍的温州人意识到自己的选票的价值，开始加入法国选举，还有少数温州人竞选地方议员和行政长官。2014年的选举中一位年轻的温州人竟然当选某区副区长。与之相应的是，来自东南亚的华人（又称为潮汕人）更深地卷入法国政治，已经有人当选地方议员。玩民主选举游戏，是移民们融入主流社会、保护自己的最有效的办法。随着巴黎温州人中年轻人的成长和增多，他们会越来越多地参与法国的民主政治游戏，向法国社会发出自己的声音，以削弱右倾化带来的对移民的排斥和诋毁。毋庸讳言，最近几年，巴黎温州人中屡屡发生遭遇抢劫、盗窃并受攻击致伤乃至丧命的惨事，甚至还有警察上门执法而枪杀温州人的事件，引发了温州人的愤怒，让他们意识到法国社会对他们有着各种各样的偏见、误解和歧视。这里一方面是巴黎温州人过于重视自己的生活圈子和空间，外部人根本不了解他们是怎样生活、怎样赚钱、怎样花钱等；另一方面，他们发现温州人爱炫耀消费，花钱大手大脚，比如一些温州人结婚，喜欢在高级酒店设宴请客，花费颇多。于是，外部社会就会有人怀疑其是否存在偷漏税问题，加上一些媒体的渲染，从而产生一些对温州人的各种偏见、误解和成见，比如其他族群的人认为，中国人特别是温州人喜欢携带现金和金银首饰、名牌包等，于是就有人专门瞄准温州人抢劫、盗窃。为了打破这样的偏见和成见，巴黎温州人需要跨出自己的空间，与外部社会进行交往、交流。

第五节　路在何方

在调查中，我们发现，有不少巴黎温州人都在思考未来的出路。移民空间本身就具有很大的局限性。面临上述的各种挑战，其脆弱性是存在的。巴黎温州人依仗他们传统的社会资本以及法国市场的开放、移民政策空间而建构出自己的空间，为他们在法国的生存和发展提供了竞争平台和生活避风港。而移出国中国过去三十多年的快速发展以及中欧关系的改善，为巴黎温州人提供了难得的发挥空间。同时，他们本身就是中欧这个空间的具体建构和实践者。但是全球化、科技发展、欧洲国家经济不景气以及中东、北非等地不少国家的动荡不安等，大量中东难民涌入欧洲，都使他们建构的空间变得比以前更为脆弱。他们不得不思考他们的未来。

据笔者观察，他们返回中国定居的可能性越来越小，不论贫富，都是这样。他们携家带口来到法国，连孩子、孙子都到了法国，在中国的亲人越来越少，重要的是他们在法国的处境还是比在中国的好。虽然巴黎温州人中有的来自温州市内，但更多的是来自温州的农村地区，而且这些农村地区是温州比较贫穷的地方。这些地方的发展并不好，也缺乏大的产业。更重要的是，法国有着远比他们在中国所能享受到的更好的社会福利。他们说，也许未来赚钱不再像以前容易，但他们并没有为自己移民法国而后悔，因为他们为自己的下一代找到了一个有稳定生活保障和安稳未来的归宿。当然，具体到不同年龄、不同经济条件的人，他们对未来的设想会有很大的差别：第一代移民会把中国特别是温州作为他们经常回去居住、养老的地方，他们一年之中至少会有两三个月回到中国居住生活，多的会待半年以上，但法国法律对去异国养老领取养老金有一些限制，从而制约了第一代温州移民回国养老的居住时间。第二代或者更后面一代温州裔，他们对温州的感情越来越少，甚至缺少一些具体的印象和象征意义，他们几乎不可能回到温州去，甚至回不到中国了，因此他们对参与法国社会公共和政治活动，越来越感兴趣，也越来越活跃。当然，也有少数人想着再移民美国等其他国家。我们的一个访谈对象在考虑移民新加坡，他认为新加坡是华人占多数国家，保持着很多中国文化传统，生活和福利条件都很好，移民新加坡，既能体验到中华文化又能让后代过上安稳的生活。还有的人移民美国，一个重要原因是他们的子女去美国留学，或者觉得美国有更好的经济条件让他们去赚钱，等等。

不管怎样，绝大多数巴黎温州人会扎根巴黎社会，他们早已经开始做这样的准备，因为他们移民法国，不仅是为了赚钱，而且更重要的是寻找自己的归宿。他们中大多数人在法国买了房子，巴黎温州人中拥有自己房子的比例也许比法国人还高。置业对温州人来说是非常重要的事，在巴黎置业，就是想长期定居巴黎，这是毫无悬念的。还有一个很重要的原因是，巴黎温州人已经构筑起自己的生存和发展空间，从全欧洲来看，在所有移民聚落中，巴黎温州人的聚集群落也许有着相当强的竞争力，在经济上已经有了较好的基础。现在的问题在于他们的适应能力：年轻一代受教育水平高，不少是大学毕业，他们已经开始就业和创业，他们大多不会从事其父辈们的行业（如餐饮、杂货店、贸易等），而是会出现与法国人趋同的就业态势；但是，温州人毕竟在产业上形成了一定规模，并且年轻人在法国找工作的难度也很大，于是一些原本不想继承父业的子女开始改变想法，与父母一道打拼，甚至开始主持父母的生意，而父母则退居幕后。年轻人加入，会增强巴黎温州人对新环境、科技发展的调适能力。

当然，巴黎温州人最大、最关键的一个挑战还是经济发展。在过去18年时间里，温州人在经济形态上有了很大的转变，原因在于他们善于借助三重空间中的资源、机会、权力，从而很好地从原来的"三把刀"经济、街区经济、代工经济转变为商城经济，目前已经有人开始谋划向其他经济形态转变，比如向连锁店经营模式、自主品牌、银行业、与法国商家合资、物流、电商等方面探索，个别温州人取得了一定的成效，但是大部分温州人还在等待观望，没有参与，也没有能力参与（至少老一代是这样的）。目前奥贝维耶勒商城中越来越多的店铺出现亏损现象，他们主要从事服装、衣帽、箱包生意，但是最近5年，这些生意明显变差，这很大程度上与欧洲经济不景气直接关联。他们想转型，但是限于技术、资金乃至经营能力的欠缺，这些都难以实现。目前的转型与先前的转型有个很大的区别是，当下转型需要更多的技术和专业知识，而不是一种简单的改变。先前的转型相对容易很多：技术要求不高，而且当时欧洲经济处于上升阶段，特别是中欧关系因中国加入WTO之后，贸易增幅很大，为他们创造了难得的机会。但是这次要转型的话，难度肯定要大很多，除了技术和专业知识外，外部经济环境没有以前好。虽然年轻一代受过更高的教育，掌握更专业的知识和技术，但是，他们的弱点是创业动力没有上一代那么强，拼搏和吃苦耐劳能力也不强，更重要的是他们具有的知识和技能也不足以支撑其转型。那么，巴黎温州人的经济将何去何从，至少目前没有显现明确的路径和方向。

社会和文化融合，又是另外两个重大的挑战。大多数温州人还是生活在自己建构的空间里，并赋予其特定的文化意义和价值。与此同时，外部社会也为他们设定了一定的社会文化边界，并由此强化了他们的社会和文化空间边界。并不是所有的人都能跨越这样的空间边界，进入法国主流社会，或者与他们有更多的交往，即使是少数人跨越了这个边界，也并不意味着他们所属的族群就没有这样的边界，何况表面上算是跨越而实质上却没有获得平等的权利和位置，由此反过来强化了那些没有跨越边界的人们的空间意识。那么不同社会和文化空间的存在为什么会是一个问题呢？阿格（Agger，1998）"认为多元文化主义信奉后现代主义强调的观念：人们的差异性比相似性更重要"（云昌耀，2012）。现实中，差异性比相似性重要这一观点需要一定的前提条件，否则的话，这句话就是空洞的表述。至少需要这样几个前提条件：第一，不同人或者不同文化之间需要一定的交流渠道和机制，否则，差异性带来的会是隔膜和偏见乃至排斥。第二，不同差异部分或个人面对的是平等的游戏规则，否则势必会发生误解和排斥。第三，经济和政治环境允许差异性共存，否则的话，经济不景气或者政治排外，就会使差异性缺乏重要的基础和良好的沟通可能，而且更有可能出现把自己的不幸遭遇归咎到那些与自己有文化和社会差异的人身上，出现社会排斥等。对巴黎的温州人来说，面临的挑战是，外部社会对他们了解不足并由此形成了成见甚至刻板印象，而他们自身没有能力和意愿让外部社会更好地认识自己。特别是在当下欧洲社会出现严重右倾、保守和排外的态势下，这种能力和意愿的缺失在很大程度上扩大了内外部空间的隔阂。当前出现的一种趋势是：由于恐怖袭击时有发生，法国政府加强了对部分族群的社会控制，从而压缩了这些族群的发展空间，他们的生存越来越不景气，其中一些人则把注意力转向华人华侨群体，认为后者是有钱的群体，并且是喜欢携带现金的人群，因此把他们作为袭击、抢劫、偷窃对象。其中，巴黎温州人是主要对象。因此，巴黎温州人指责警察和政府当局不关注和重视他们居住地的治安。而警察中又有一些人先入为主地认为巴黎温州人存在偷税、漏税情况等，对巴黎温州人的诉求并不重视，乃至还有不少偏见等。由于大家都生活在自己的社会和文化空间，彼此缺乏有效的交流和沟通机制，加上整个社会出现排外的倾向，于是这种相互抱怨、歧视、偏见的循环进一步恶化，并已经对巴黎温州人构成了前所未有的挑战。

值得庆幸的是，法国民主社会为移民留出了一定的空间和机制来化解由于移民空间隔阂、偏见而产生的恶性循环：一是巴黎温州人充分利用民主的抗议和反抗机制，与其他移民合作。最近几年，他们组织了多次的"反暴力、要安全"示威游行，得到了其他族群的参与和支持，也获得了政府和社会的关注和重视。二是巴黎温州人的第二代或者后代已经成长起来，他们深受法国社会和文化的影响，懂得用法国的法律、政治、道德和知识力量去维护自身权益，他们越来越重视参与法国政治活动，特别是加入法国政党，并且已经有个别年轻人在政府中出任政务官员（如副区长）。他们着手从政治上改善外部社会对巴黎温州人的歧见。三是年轻的巴黎温州人已经懂得与法国媒体与舆论进行对话、交流，去矫正他们的一些偏见、误解等，甚至出现用法律手段去与一些顽固的媒体力量进行博弈，并取得了一定的效果。

有人提出"杂糅"概念来解释印尼华人的认同取向，认为"重要的是，杂糅是一种持续、不断地处于从未完成的文化转译与协商的过程。对巴巴而言，'在……之间'（inter）的空间是'转译与协商的最前端，乃是中介（in－between）的空间'（Bhabha，1994：38）。移民者所体验的'多重的生根与意识……是在语言与文化上不断地混合再混合，不断地跨越、交错与转译。并不是非此即彼，而是两者兼具'（Chan and Tong，1995：7），这显示出同化仍然是一个不可企及的构想。……杂糅的概念并不提议顺从于不可达成的同化概念，或者退缩到华人性的本质化版本……对于这种杂糅认同的理解，可能会削减'华人'与'非华人'、'原住民'与'非原住民'之间严明的界限。打破这些二分法，有助于松动被本质化了的华人与原住民认同的差异"（云昌耀，2012）。法国的社会、经济、政治和文化不同于印尼，巴黎温州人没有遭遇印尼华人所曾经历的排斥问题。因此，完全用杂糅理论来分析巴黎温州人的取向会有问题。但巴黎温州人目前所处的境况并不是最理想的，在一些方面突破自己的空间，与法国其他族群进行杂糅，也许是他们在未来必须要做出的适应和融合的理想选择。由此，我们想到"弹性空间"概念，可以更好地来化解巴黎温州人面临的困境和挑战。

所谓"弹性空间"，有两层含义：一层是空间边界的弹性化，另一层是空间内涵的弹性化。弹性相对于刚性而言的。巴黎温州人不可能在短期内放弃自己的空间，而且这些空间也是他们得以立足、获得竞争力的重要资源，但目前这样的空间边界太明显、过于封闭，因此需要开放，从经济、社会、文化、政治等层面与外部社会建立更多的沟通、合作机制。在经济上，已经有温州人寻求与法国人开展合作，共建产业园区、合办公司，或者建立互相依赖的产业链等；在社会领域，参与当地的社会组织以及公益活动，开放自己的一些组织，比如商会；文化上正在进行一定的杂糅，春节活动需要吸纳更多的其他族群参与，宗教活动也需要与其他族群进行交流，与法国媒体开展合作交流，甚至主动通过法国媒体，向外部社会介绍巴黎温州人的想法、观念和生活方式等；在政治上，积极参与法国政党以及政治选举，有更多的人参加法国各级政府和议会，充分利用法国法律和文化所许可的表达、抗争机制，不但显示自己族群的存在，而且也让社会听到自己的合理呼声。利用好现有的三个空间，着力去经营好与法国社会的关系，打造巴黎温州人的"弹性空间"。

参考文献

Richard Jenkins，2006，《社会认同》，王志弘、许妍飞译，（台湾）巨流图书公司。

布迪厄、华康德，1998，《实践与反思：反思社会学导引》，中央编译出版社。

戴维·米勒，2008，《社会正义原则》，江苏人民出版社。

费孝通等，1989，《中华民族多元一体格局》，中央民族学院出版社。

费孝通，1999，《费孝通文集》（第五卷），群言出版社。

费孝通，2004，《乡土中国》，北京出版社。

弗洛姆，2011，《健全的社会》，上海译文出版社。

国务院侨务办公室政策法规司，2010，《国务院侨办课题研究成果集萃》。

哈维，2003，《后现代的状况》，商务印书馆。

黄际英，2003，《美国华裔的民族意识与美国认同：20 世纪 30 年代～90 年代》，东北师大博士论文文库中心。

拉菲尔－欧利阿尼、李卡多－斯达亚诺，2011，《不死的中国人》，社会科学文献出版社。

劳尔·乌尔苏亚，2001，《国际移民、社会科学和公共政策》，《国际社会科学杂志》（中文版）第 3 期。

李安宅，2005，《〈仪礼〉与〈礼记〉之社会学的研究》，上海人民出版社。

梁漱溟，2011，《中国文化要义》，世纪出版集团/上海人民出版社。

梁治平，1991，《寻求自然秩序中的和谐——中国传统法律文化研究》，上海人民出版社。

刘宏，2013，《跨界亚洲的理念与实践》，南京大学出版社。

罗斯玛丽·塞尔斯，2011，《解析国际迁移和难民政策：冲突和延续》，格致出版社、上海人民出版社。

史晋川，2004，《温州模式的历史制度分析——从人格化交易与非人格化交易视角的观察》，《浙江社会科学》第 2 期。

斯蒂芬·卡斯尔斯，2001，《21 世纪国际移民：全球性的趋势和问题》，《国际社会科学杂志》（中文版）第 3 期。

宋祖德、苗东强，2008，《基于比较优势的中欧贸易产品结构实证分析》，《中国渔业经济》第 3 期。

王春光，2000，《巴黎的温州人》，江西人民出版社。

威尔逊，2007，《真正的穷人：内城区、底层阶级和公共政策》，上海人民出版社。

文峰，2012，《欧盟非法移民治理研究》，暨南大学出版社。

杨凤岗，2008，《皈信·同化·叠合身份认同——北美华人基督徒研究》，民族出版社。

余英时，2011，《中国文化的重建》，中信出版社。

云昌耀（Cang-Yau Hoon），2012，《当代印尼华人的认同：文化、攻略与媒体》，台湾群学出版有限公司。

赵红英、张春旺主编，2013，《世界视野：走出国门的中国新移民》，中国华侨出版社。

赵旭东，2009，《文化的表达》，中国人民大学出版社。

周敏，2012，《美国华人社会的变迁与发展》，（新加坡）南洋理工大学中华语言文化中心。

周敏，2013，《美国社会学与亚美研究学的跨学科构建》，中山大学出版社。

周敏，1995，《唐人街——深具社会经济潜质的华人社区》，商务印书馆。

卓新平，2008，《海外华人的文化认同与政治认同》，《中国民族报》12 月 30 日。

Agger, Ben, 1998, *Critical Social Theories: An Introduction*, Westview Press, Oxford.

Alba R., Nee V., 2003, *Remaking the American Mainstream: Assimilation and Contemporary Immigration.* Cambridge, MA: Harvard Univ.

Bernard P. Wong, 2005, *The Chinese in Silicon Valley: Globalization, Social Networks, and Ethnic Identity.* Roman and Littlefield Press.

Bhabham Homi, 1994, *The Location of Culture*, Routledge, London.

Boyd, Monica, 2002, "Educational Attainments of Immigrant Offspring: Success or Segmented Assimilation," *International Migration Review* 36（4）.

Chan, Kwok Bun, and Tong Chee Kiong, 1995, "Modeling Culture Contact and Chinese Ethnicity in Thailand," *Suotheast Asian Journal of Social Science*, Vol. 23, No. 1.

Gans, Herbert, 1992, "Second Generation Decline: Scenarios for the Economic and Ethnic Futures of the Post – 1965 American Immigrants,"

Ethnic and Racial Studies 15.

Henri Lefebvre, 1974/1984, *The Production of Space*, Blackwell Publishing.

Li Minghuan, 1999, " 'To get rich quickly in Europe!' — Reflection on Migration Motivation in Wenzhou", in Frank Pieke and Hein Mallee, eds. , *Internal and International Migration*: *Chinese Perspective*, Survey: Curzon Press, pp. 181 – 198.

Pete Alcock, Angus Erskine and Margaret May, 2003, *The Student's Companion to Social Policy*, Blackwell Publishing Ltd.

Rose Hum Lee, 1960, *The Chinese in the United States of America*. New York: Oxford University Press.

Zhou, M. , Xiong, Y. S. , 2005, "The multifaceted American experiences of the children of Asian immigrants: Lessons for segmented assimilation", *Ethnic and Racial Studies* 28, pp. 1119 – 1152.

索　引

后　记

　　断断续续花了三年多时间，终于把这本书写出来了。这个研究是自选的，没有去申请任何基金支持，完全出于自己的兴趣爱好，因此，做起来就没有感受到外部压力，想写就写，不想写就放一段时间。平时要完成其他一些规定的任务，也不得不经常放下这本书的写作，但是放下的时间过长的话，再捡起来写，就得花更多的时间和精力，重新进入角色，反而拖长了时间，并影响了前后的逻辑衔接。不管怎样，总算拿出书稿，丑媳妇也得见公婆，请各位"公婆"品评。

　　虽然没有获得基金的支持，但是并不意味着没有获得其他支持。这里首先感谢旅居法国的夏尚忠先生的鼎力相助。夏先生是我的温州老乡，旅居法国 30 多年。记得我是在中山大学举办的一次华侨华人理论研讨会上认识他的。在那次会议上，我做了一个有关巴黎温州人的发言，会议休息期间，他就找我说，他看过我写的《巴黎的温州人》这本书，在巴黎的中文书店能买到，但是，这本书于 2001 年出版，已经有十来年了，现在巴黎温州人已经发生了很大的变化，希望我再去做一次调查，续写第二本书。他愿意帮助我做成这件事。他的提议确实打动了我。虽然 2001 年以后我也去过巴黎几次，做了一些跟踪调查，但是由于受时间限制，这些调查的充分性并不够。所以，我就欣然接受夏先生的建议和支持。当时我还没有意识到这件事能做成，但真没有想到，夏先生回到巴黎后就快速行动起来，使得我很快成行。这次行程为期一个月，住在巴黎法兰西体育馆边上的 Novotel 旅馆里，离夏先生家和奥贝维耶勒的商贸城很近。由于夏先生的引荐和帮助，这次调查进行得很深入、很顺利。在此期间，我在生活上也得到夏先生和他家人细心而周到的照顾，我经常到他家吃饭，或者他请我去外面吃饭。周末我还与他家人一起出去郊游。这让我在调查之余体验到生活的充实。因此，我必须要感谢夏先生和他的家人的无私帮助与热情招待，没有他们，我也不可能写出这本书来。同时，我也要感谢那些热情接受调研的温州老乡们。本书均以匿名方式提到了他们，以确保他们的权利。

　　写东西，总会言犹未尽，在后记中还得进一步说明一下一些情况。首先，这里所说的温州人是一个文化概念，而不仅仅是个地域概念。也就是说，这里的温州人不仅仅限于从当前温州行政辖区内去巴黎的那些人，还包括历史上和文化意义上的温州人。具体地说，20 世纪 50 年代初甚至更早的民国时期，青田县属于温州辖区，当地临近温州的居民都会讲温州话，特别是他们在法国，都会表露出自己属于温州人的意识。而且巴黎的青田人在集体活动和社会交往上跟其他温州人一起共进退，人们很难把他们区分开来。我在《巴黎的温州人》中也提到过这一点，这里依然把在巴黎的青田人纳入巴黎温州人的范畴，一方面是为了保持延续性，另一方面也体现文化性。由此可见，巴黎温州人是一个区域文化概念。

　　其次，这里还有必要交代一下 2017 年法国总统大选与巴黎温州人的融入关系。10 年前，巴黎的温州人对总统大选虽然也感兴趣，但是几乎没有人参与，一方面是他们没有资格，另一方面他们也没有形成习惯和偏好。但是，随着第二代巴黎温州人成长起来，他们对自己生存和环境的认识进一步加强，他们越来越愿意加入法国的政治实践，以表明他们的存在，更好地表达他们的意愿、需求和呼声。在这次总统选举之前，已经有少数年轻的温州人在市区层面参与政治活动，当上副区长，尽管副区长是义务的且没有报酬，但这个职位还是为温州人提供了一个影响政治和社会的平台。参与地方政治为参加全国政治铺路。在2017年的这次总统选举中，一些年轻的温州人相当活跃和积极，为自己喜欢的候选人组建了声援队，积极参与拉选票。当然，这里有两个背景促使温州人特别是年轻的温州人（温二代）改变了对政治参与的看法，认为政治参与是表达和维护自己权益的重要渠道。一个背景是与其他不少欧洲国家一样，最近十多年法国表现出越来越明显的排外右倾化趋向；另一个背景是，最近几年，巴黎温州人中经常有人被抢劫、偷窃乃至因此导致惨剧。因此，温州人对这些现象感到惶恐，他们显然不希望代表极右势力的玛利亚·勒庞当上总统，希望新任总统更加关注温州人的安全问题。为了生存安全，巴黎温州人在最近几年组织了多次"反暴力、要安全"的大游行，但是并没有达成明显的效果。一些年轻的巴黎温州人还成立了自己的组织，以他们懂法语以及法国法律、文化为基础，经常找那些诬陷巴黎温州人乃至华人的媒体进行交涉，要求他们发表道歉声明，如果得不到满意的回应，他们则会转向法律。这样的做法虽然有一些效果，但依然不能改变整个法国媒体对待巴黎温州人乃至华侨华人的态度。于是，一些已经获得投票权的温州人转向政治参与，尤其像总统大选这种大型的政治活动。但是，真正有投票权的温州人还很少，他们左右不了选举结果，然而政治参与意识的提高，有助于让主流社会听到他们的声音。这也是温州人走出自己的空间、进入主流社会空间的重要转变。从这里可以看到，随着年轻一代的成长和壮大，未来的巴黎温州人一方面依然会坚守他们乃至父辈们建构的群内空间，另一方面他们会更多地进入法国主流社会空间，尤其是政治空间，并以他们在群内空间产生的影响和获得的资源，来帮助他们参与群外空间（即法国主流社会空间）。也就是说，群内空间与群外空间将会有更多的交集和互构形态。

做研究，写学术著作，都会有或多或少的缺憾，只能留待以后去弥补。最后想说的是，书要付梓了，总会留着一些遗憾等待未来弥补，期待着读者的批评指正。如果这本书对读者了解部分中国移民在欧洲特别是法国的生活有一定的帮助，我的写作心愿也算是达成了。

图书在版编目（CIP）数据

移民空间的建构：巴黎温州人跟踪研究／王春光著
－－北京：社会科学文献出版社，2017.12（2019.1重印）
（社科文献学术文库．社会政法研究系列）
ISBN 978－7－5201－1586－5

Ⅰ.①移… Ⅱ.①王… Ⅲ.①华人－移民－研究－巴
黎 Ⅳ.①D756.538

中国版本图书馆 CIP 数据核字（2017）第 250256 号

社科文献学术文库·社会政法研究系列

移民空间的建构
——巴黎温州人跟踪研究

著　　者／王春光

出 版 人／谢寿光
项目统筹／谢蕊芬
责任编辑／刘德顺　谢蕊芬

出　　版／社会科学文献出版社·社会学出版中心（010）59367159
　　　　　地址：北京市北三环中路甲29号院华龙大厦　邮编：100029
　　　　　网址：www.ssap.com.cn
发　　行／市场营销中心（010）59367081　59367083
印　　装／三河市东方印刷有限公司

规　　格／开　本：787mm×1092mm　1/16
　　　　　印　张：15　字　数：194千字
版　　次／2017年12月第1版　2019年1月第2次印刷
书　　号／ISBN 978－7－5201－1586－5
定　　价／98.00元